Petits Classiques
LAROUSSE

Collectio
Agrégé de

Le Bourgeois gentilhomme

Molière

Comédie-ballet

Édition présentée,
annotée et commentée
par Anne RÉGENT,
ancienne élève de l'École normale supérieure,
agrégée de lettres modernes,
docteur de l'université Paris-IV Sorbonne

ISBN : 978-2-03-583416-4

SOMMAIRE

Avant d'aborder l'œuvre

6 Fiche d'identité de l'auteur
7 Pour ou contre Molière ?
8 Repères chronologiques
10 Fiche d'identité de l'œuvre
11 Pour ou contre *Le Bourgeois gentilhomme* ?
12 Pour mieux lire l'œuvre

Le Bourgeois gentilhomme

Molière

21 Acte I
34 Acte II
54 Acte III
93 Acte IV
108 La cérémonie turque
113 Acte V
125 Ballet des nations

134 **Avez-vous bien lu ?**

Pour approfondir

144 Thèmes et prolongements
152 Textes et images
166 Vers le brevet
172 Outils de lecture
174 Bibliographie et filmographie

AVANT D'ABORDER L'ŒUVRE

AVANT D'ABORDER L'ŒUVRE

Fiche d'identité de l'auteur

Molière

Nom : Jean-Baptiste POQUELIN, dit Molière.

Naissance : janvier 1622, rue Saint-Honoré à Paris.

Famille : bourgeoisie marchande. Grand-père et père : maîtres tapissiers du roi. Mère : Marie Cressé, qui meurt en 1632. Belle-mère (son père se remarie en 1633) : Catherine Fleurette, fille d'un maître sellier.

Enfance : de 1635 à 1639 environ, études chez les jésuites du collège de Clermont (actuel lycée Louis-le-Grand à Paris) ; à partir de 1640, études de droit à Orléans, qu'il interrompt pour se consacrer à la comédie.

Début de carrière : se lie en 1643 à la comédienne Madeleine Béjart et fonde avec la famille Béjart la troupe de l'Illustre Théâtre. En 1645, faillite de l'Illustre Théâtre : Molière se joint à une troupe itinérante.

Premiers succès : en 1653, il devient directeur de cette troupe, qui obtient l'appui du prince de Conti, puis du frère du roi. En 1658, la troupe s'établit à Paris, et l'année suivante, le triomphe des *Précieuses ridicules* consacre le génie de Molière, non seulement comme acteur et comme metteur en scène, mais comme auteur. En 1661, la troupe de Molière s'installe définitivement au Palais-Royal.

Les querelles : en 1662, année où il épouse Armande Béjart (fille ou sœur de Madeleine ?), Molière écrit *L'École des femmes*, première comédie en cinq actes et en vers, qui déclenche une importante querelle. En 1665, violents débats autour de *Dom Juan*. En 1666, accueil mitigé du *Misanthrope*. En 1669 et 1670, immense succès de *Tartuffe* puis du *Bourgeois gentilhomme*.

Le dernier acte : mort de Madeleine Béjart en 1672. En 1673, Molière est pris de malaise pendant la représentation du *Malade imaginaire* et meurt à son domicile, rue Richelieu.

Pour ou contre Molière ?

Pour

BOILEAU :

« Ta muse avec utilité, / Dit plaisamment la vérité ; / Chacun profite à ton École [...]. »

Stances à Molières, 1663.

Louis JOUVET :

« Son théâtre, qui paraît être le triomphe de la raison aux yeux de ses commentateurs, est surtout, en vérité, le royaume de cette merveilleuse déraison qui s'appelle la poésie. »

Entretien à la Sorbonne, 1951.

Contre

LA BRUYÈRE :

« Il n'a manqué à Molière que d'éviter le jargon et le barbarisme et d'écrire purement. »

Les Caractères, 1688.

FÉNELON :

« Il a outré souvent les caractères : il a voulu, par cette liberté, plaire au parterre, frapper les spectateurs les moins délicats et rendre le ridicule plus sensible. »

Lettre sur les occupations de l'Académie, publiée en 1716.

ROUSSEAU :

« Voilà l'esprit général de Molière et de ses imitateurs. Ce sont des gens qui, tout au plus, raillent quelquefois les vices, sans jamais faire aimer la vertu. »

Lettre à d'Alembert sur les spectacles, 1758.

Repères chronologiques

Vie et œuvre de Molière

1622
Naissance de Molière.

1632
Mort de sa mère.

1640
Fin de ses études à l'actuel lycée Louis-Le-Grand.

1642
Obtention d'une licence en droit à Orléans. Affirmation de sa vocation théâtrale, sous l'influence de Madeleine Béjart.

1643
Fondation de l'Illustre Théâtre, troupe dont Molière s'impose rapidement comme le chef.

1645
Endettement, ruine et fin de l'Illustre Théâtre.
Départ de Paris et début d'une longue tournée en province.

1653
Protection du prince de Conti, qui la retire trois ans plus tard.

1655
L'Étourdi.

1658
Installation de la troupe à Paris, salle du Petit-Bourbon, sous la protection de Monsieur, frère du roi.

1659
Les Précieuses Ridicules.

1661
Installation au théâtre du Palais-Royal.

1662
Succès éclatant de *L'École des Femmes.*
Mariage avec Armande Béjart.

Événements politiques et culturels

1610
Début du règne de Louis XIII.

1629
Fondation de la Compagnie du Saint-Sacrement.

1637
Corneille, *Le Cid*.

1642
Mort de Richelieu.

1643
Mort de Louis XIII.
Régence d'Anne d'Autriche et ministère de Mazarin.

1648
Fin de la guerre de Trente Ans.
Début de la Fronde.

1659
Paix des Pyrénées avec l'Espagne.

1661
Mort de Mazarin.
Début du règne personnel de Louis XIV.
Arrestation de Fouquet.

1662
Colbert contrôleur général des finances.

1663
Invasion de l'Autriche par les Turcs.

1666
Mort d'Anne d'Autriche.

1667
Racine, *Andromaque*.
Sous la conduite de Turenne, conquête des Pays-Bas espagnols par les armées de Louis XIV.

Repères chronologiques

Vie et œuvre de Molière	*Événements politiques et culturels*
1664 **Molière anime les « plaisirs de l'île enchantée » lors des fêtes de Versailles. Interdiction du *Tartuffe* par l'Archevêque de Paris sitôt après la première représentation de la pièce.**	**1668** Signature du traité d'Aix-la-Chapelle par la France et l'Espagne : annexion française de Lille, Tournai, Douai et Armentières. La Fontaine, *Fables*.
1665 Interdiction de *Dom Juan* après quelques représentations, mais rattachement de la troupe de Molière au service du roi, et triomphe de *L'Amour médecin*.	**1669** Visite en France de l'ambassadeur du Grand Turc, Soliman Aga.
1666 **Accueil public mitigé réservé au *Misanthrope*, mais succès de la farce *Le Médecin malgré lui*.**	**1670** Pascal, *Les Pensées*. Racine, *Bérénice*. Création du Trianon de Porcelaine.
1669 Autorisation royale finalement accordée au *Tartuffe*. Triomphe de la pièce.	**1672** Racine, *Bajazet*. Début de la guerre de Hollande.
1670 Comédies-ballets commandées par la cour et intégrées dans les divertissements royaux : *Les Amants magnifiques*, *Le Bourgeois gentilhomme*.	**1673** Racine, *Mithidate*. **Premier grand opéra de Lully : *Cadmus et Hermione*.**
1671 Succès éclatant de *Psyché*, spectacle somptueux accordant une grande place à la musique et au chant.	
1672 Mort de Madeleine Béjart. *Les Femmes savantes*, dernière grande comédie. Brouille et rupture avec le compositeur Lully, après huit ans de travail en commun.	
1673. ***Le Malade imaginaire.*** **Mort de Molière.**	

Fiche d'identité de l'œuvre

Le Bourgeois gentilhomme

Auteur : Jean-Baptiste POQUELIN, dit Molière, quarante ans, directeur de la troupe de Monsieur (frère du roi) installée au Palais-Royal, metteur en scène, acteur et auteur comique.

Genre : comédie-ballet, genre inventé par Molière.

Forme : dialogue en prose, auquel s'ajoutent des passages chantés et dansés.

Structure : pièce en cinq actes, entrecoupés de quatre intermèdes et s'achevant par un ballet.

Personnages : la famille Jourdain, bourgeois enrichis (le père, la mère et la fille Lucile). Leur servante, *Nicole*. *Cléonte*, amoureux de *Lucile*, et son valet *Covielle*. Deux aristocrates : la marquise Dorimène et son amant *Dorante*. Divers professeurs : maître de musique, maître à danser, *Maître d'armes*, *Maître de philosophie*, etc. Un Turc : le mufti. D'autres Turcs figurent parmi les personnages des intermèdes et du ballet, ainsi que des musiciens, des danseurs, des cuisiniers, des garçons tailleurs, etc.

Sujet : M. Jourdain, riche commerçant, est fasciné par le monde de l'aristocratie, dont il souhaite faire partie : il a engagé pour cela divers professeurs, afin d'acquérir les savoirs que maîtrisent les nobles et de séduire ainsi la marquise *Dorimène*, dont il est amoureux. Il refuse par ailleurs que sa fille épouse *Cléonte*, qui n'est pas noble. Au cours d'un dîner organisé par M. Jourdain pour impressionner *Dorimène*, Mme Jourdain survient et manifeste son indignation. *Covielle*, valet de *Cléonte*, fait alors son apparition, déguisé en Turc ; il annonce à M. Jourdain que le fils du Grand Turc (Cléonte lui aussi déguisé) désire épouser sa fille. M. Jourdain voit dans ce mariage une possibilité de devenir enfin aristocrate, et se fait anoblir lors d'une cérémonie burlesque.

Pour ou contre

Le Bourgeois gentilhomme ?

Pour

VOLTAIRE :

« *Le Bourgeois gentilhomme* est un des plus heureux sujets de comédie que le ridicule des hommes ait pu fournir. »

Sommaires des pièces de Molière, 1765.

Gérard DEFAUX :

« La seule présence de Jourdain, sa naïveté et son aveuglement complices, suscitent irrésistiblement le rire, engendrent, pour ainsi dire spontanément, l'amour, le plaisir et la joie. »

Molière ou les métamorphoses du comique, 1980.

Contre

ROUSSEAU :

« J'entends dire qu'il attaque les vices ; mais je voudrais bien que l'on comparât ceux qu'il attaque avec ceux qu'il favorise. Quel est le plus blâmable d'un bourgeois sans esprit et vain qui fait sottement le gentilhomme, ou d'un gentilhomme fripon qui le dupe ? »

Lettre à d'Alembert sur les spectacles, 1758.

René BRAY :

« La farce moliéresque ne se soucie nulle part de la vraisemblance : elle n'a d'autre objet de que faire rire. »

Molière, homme de théâtre, 1954.

Pour mieux lire l'œuvre

✣ Au temps de Molière

Bourgeoisie et aristocratie

Monsieur Jourdain et sa famille appartiennent à un milieu social bien précis : la bourgeoisie commerçante, qui souhaite que sa fortune lui permette de se hausser dans l'échelle sociale, et en particulier d'accéder à l'aristocratie – statut théoriquement conféré par la naissance, et non par l'argent. À l'époque de Molière, de nombreux bourgeois achètent ainsi, par l'intermédiaire de l'acquisition d'une terre ou d'un mariage, un titre de noblesse. Molière n'est d'ailleurs pas le seul, au XVIIe siècle, à se montrer préoccupé par l'usurpation des titres de noblesse : ce thème est notamment abordé par Lesage dans *Turcaret* et par La Bruyère dans le chapitre des *Caractères* intitulé « Biens de fortune ». Or ce que suggère *Le Bourgeois gentilhomme*, c'est que la France de Louis XIV n'a nul besoin d'un bourgeois singeant l'aristocratie.

En ce sens, la pièce n'est nullement dirigée contre la bourgeoisie, ni même contre son désir d'ascension sociale, mais bien plutôt contre une bourgeoisie qui tente d'être ce qu'elle n'est pas. Ce n'est pas parce qu'il est bourgeois que Monsieur Jourdain, digne fils d'un marchand « fort obligeant, fort officieux [et qui] se connaiss[ant] fort bien en étoffes, en allait choisir de tous côtés », est ridicule, mais bien plutôt parce qu'il se laisse éblouir par les apparences les plus superficielles d'une aristocratie qui n'a peut-être pas grand chose d'autre à proposer.

Autrement dit, visant tout aussi bien la naïveté du bourgeois que la magnificence futile de la noblesse, réduite à sa façon de danser et de s'habiller, *Le Bourgeois gentilhomme* permet surtout à Molière de poursuivre sa dénonciation d'un vice qui semble le préoccuper tout particulièrement : celui de la feinte sociale. Comme Tartuffe, Monsieur Jourdain tente en effet de passer pour ce qu'il n'est pas, alors que Cléonte choisit courageusement d'assumer, coûte que coûte, ses origines (III, 12).

L'invention d'un nouveau genre : la comédie-ballet

Au moment où Molière entreprend la rédaction du *Bourgeois gentilhomme*, il sort d'une période agitée par les polémiques suscitées par ses pièces (en particulier *Tartuffe* et *Dom Juan*). Meurtri par les accusations diverses portées contre lui et fatigué de ces controverses, il choisit de laisser de côté les questions de société et de morale politique les plus sensibles. Avec les grandes comédies que sont *Le Tartuffe, Dom Juan* et *Le Misanthrope*, il a en effet atteint les limites de l'audace et il ne peut guère aller plus loin sans risquer de perdre définitivement le précieux soutien du roi.

Dans une Cour galvanisée par les triomphes politiques et militaires du Roi-Soleil et enivrée de fêtes somptueuses, il se tourne alors vers une nouvelle forme de théâtre, destinée à constituer un parfait divertissement de cour : ce sera la comédie-ballet, genre qu'il invente et porte à son point de perfection, en collaboration avec le compositeur Lully. *Le Bourgeois gentilhomme* n'est du reste pas le premier représentant de ce nouveau type de divertissement : dix autres pièces le précèdent dans la carrière de Molière, soit mêlant la farce et la danse, comme *Les Fâcheux* (1661), *L'Amour médecin* (1665) et *Georges Dandin* (1668), soit mêlant la pastorale et le ballet de cour comme *La Princesse d'Élide* et *Les Amants magnifiques*. En particulier, lorsqu'il écrit *Le Bourgeois gentilhomme*, Molière vient de présenter dans le château de Chambord la pièce intitulée *Monsieur de Pourceaugnac*, comportant un ballet bouffon de médecins dansants et d'avocats chantants : ce ballet annonce évidemment la mascarade turque qui entourera Monsieur Jourdain. Ce nouveau type de divertissement connaît un grand succès : associant la comédie, la danse et la musique, la comédie-ballet apparaît parfaitement adaptée à l'atmosphère féerique et somptueuse des grandes fêtes données par Louis XIV et au goût prononcé du roi lui-même pour la musique et la danse ; *Le Bourgeois gentilhomme*, chef-d'œuvre du genre, sera représenté plusieurs fois devant la Cour, puis devant le public parisien.

Cependant, Molière ne rompt pas pour autant avec la tradition comique : l'intrigue principale du *Bourgeois* répond en effet au schéma traditionnel de la comédie, hérité de l'Antiquité latine et repris pendant toute la Renaissance, en France et en Italie notamment : deux jeunes gens sont amoureux l'un de l'autre, mais cet amour est contrarié par les projets ambitieux du père de la jeune fille. Les deux jeunes amoureux triompheront pourtant, et finiront par se marier. Cependant, alors qu'habituellement la fin de la pièce voit la victoire de la raison et/ou de la vérité sur l'illusion et/ou le mensonge, le dénouement du *Bourgeois gentilhomme* est inverse : non seulement Monsieur Jourdain ne guérit pas de sa folie, mais celle-ci atteint en quelque sorte son paroxysme et semble gagner par contagion tous les participants au ballet des nations final.

Une revanche symbolique sur les Turcs ?

Certes, il est possible que le dramaturge ait simplement voulu profiter de la mode des turqueries qu'avait lancée à Paris la venue de Soliman Aga, se faisant aider pour cela du chevalier D'Arvieux, qui avait voyagé dans l'Empire ottoman et se chargea notamment des maquettes des costumes.

Toutefois, *Le Bourgeois gentilhomme* pourrait bien en outre se trouver étroitement lié à l'actualité politique de l'époque. En novembre 1669 en effet, soit un an avant la création de la pièce, un envoyé ordinaire du sultan de Constantinople, Soliman Aga, reçu en grande pompe par Louis XIV, avait manifesté envers le faste français un dédain méprisant, affirmant que lorsque le Grand Turc sortait, son cheval était plus richement orné que l'habit de brocart et de pierreries triomphalement porté par Louis XIV. Surtout, l'ambassadeur français en Turquie avait été emprisonné, avant d'être expulsé. Il est donc possible que la pièce de Molière ait eu pour but de venger symboliquement ces offenses, en ridiculisant les insolents orientaux : comme Soliman Aga, Monsieur Jourdain est un homme ordinaire et vaniteux voulant se donner une importance qu'il n'a pas – et les coups de bâton qu'il reçoit sont précisément ceux que les Français auraient aimé administrer à leur hôte impoli. Puisqu'il était impossible de régler l'affaire par les armes – la visite de l'envoyé turc ayant précisément pour but de rétablir avec l'Empire ottoman des relations diplomatiques amicales –, le théâtre pourrait offrir la possibilité d'une revanche sans danger. Puisque le grand spectacle déployé pour impressionner Soliman Aga avait échoué, un autre grand spectacle, en se moquant du précédent, permettrait au régime de sauver la face : le rire compenserait l'affront.

L'essentiel

Le Bourgeois gentilhomme constitue l'accomplissement du genre de la comédie-ballet inventé par Molière. Désireux à la fois de s'éloigner des débats politiques les plus brûlants et de satisfaire Louis XIV en vengeant symboliquement l'affront de l'ambassadeur turc, Molière compose un spectacle bouffon, qui, tout en n'épargnant ni les nobles ni les bourgeois, fait la part belle aux chants et aux danses qu'affectionnait tant le roi.

L'œuvre aujourd'hui

La dénonciation des « nouveaux riches » et des parvenus

Riche commerçant désireux d'acquérir tous les signes extérieurs de noblesse, Monsieur Jourdain pourrait bien préfigurer ceux qu'on appelle depuis le XXe siècle les parvenus et les « nouveaux riches », c'est-à-dire ceux qui, ayant amassé rapidement une fortune importante alors qu'ils avaient des origines sociales plutôt modestes, tendent à se laisser fasciner par le pouvoir de l'argent et s'efforcent d'éblouir les autres par l'étalage d'un luxe auquel ils n'ont pas été préparés, et qui a pris toute la place dans leur vie.

On notera cependant que Monsieur Jourdain semble conscient qu'à la situation sociale éminente qui est celle de l'aristocratie correspond non seulement un prestige spécifique, mais un ensemble de devoirs : il sait que les nobles doivent maîtriser un certain nombre de savoirs et de savoir-faire, et s'efforce de les acquérir, à grands renforts de leçons particulières. Certes, il n'en est que plus ridicule – mais il peut être aussi touchant lorsqu'il affirme, sans doute très sincèrement, qu'il regrette toutes ces choses qu'il n'a pu apprendre lorsqu'il était encore jeune. En souhaitant imiter les nobles, Monsieur Jourdain retrouve ainsi la fraîcheur et la curiosité enthousiaste d'un enfant. En ce sens, la pièce invite à s'interroger sur le rôle de l'imitation dans notre société : qui imite-t-on ? Pourquoi ? Le besoin d'imitation touche-t-il seulement les personnes insatisfaites de leur condition sociale ? L'imitation est-elle seulement un phénomène négatif et essentiellement passif, ou peut-elle être facteur de progrès ?

Cependant, si Monsieur Jourdain est avant tout risible, c'est parce qu'il privilégie le paraître sur l'être : il ne veut acquérir l'art de parler et de danser que parce que cela « fait bien ». Telle est précisément la définition même de cette maladie universelle qu'est le snobisme, cette soumission à la fois ridicule et désespérée aux diktats de la mode et de l'apparence, qui est loin d'avoir disparu avec la Cour oisive et frivole de Louis XIV.

L'attrait de l'exotisme : costumes et dépaysement

En dehors de l'attrait naturellement exercé par un spectacle mêlant, comme l'opéra (ou la comédie musicale), les chants, les danses et l'intérêt de l'intrigue, une partie du succès du *Bourgeois gentilhomme* fut due, dès la création de la pièce, à sa mise en scène de costumes turcs, chamarrés et flamboyants. Or cet attrait pour l'exotisme n'a en rien disparu : que l'on songe au nombre de films exploitant les rêves d'ailleurs et les paysages lointains, qu'il s'agisse de donner un cadre inhabituel à des aventures exceptionnelles, comme dans *Indiana Jones* ou *Pirates des Caraïbes*, ou d'inscrire une passion amoureuse dans un décor de rêve, comme dans *Le Lagon bleu* ou *Coup de foudre à Bollywood*.

Plus largement, le dépaysement par les costumes, renvoyant à une époque ou à une région lointaines, est largement utilisé au cinéma, dans les films historiques *(Le Dernier Empereur)* comme dans les westerns tels que *Il était une fois dans l'Ouest*, dans les peplums (films censés se passer dans la Rome antique tels que *Spartacus* ou *Ben-Hur*) comme dans les films de science fiction tels que *Star Wars*.

La conjonction entre exotisme et comique est plus rare – mais on notera que, dans la série des *Tintin*, les Dupont et Dupond, qui, dans le but de passer inaperçus, revêtent systématiquement le costume traditionnel du pays où ils se trouvent, alors que plus personne ne le porte autour d'eux ; ils sont alors plus ridicules encore que le Monsieur Jourdain de Molière, déguisé par les Turcs, car non seulement le costume folklorique qu'ils portent ne leur est pas adapté, mais il a pour effet l'inverse de l'objectif poursuivi : au lieu de se fondre dans la foule, les Dupont et Dupond ne sont que plus repérables !

L'essentiel

Le succès de la pièce repose sur une double séduction : d'une part, la satire souriante d'un vice universel, le snobisme, et la dénonciation comique du ridicule des nouveaux riches ; d'autre part, l'exploitation bouffonne du goût des contemporains de Molière pour l'exotisme, et en particulier pour les turqueries.

LE

BOVRGEOIS GENTILHOMME,

COMEDIE-BALET,

FAITE A CHAMBORT,
pour le Divertissement du Roy,

Par I.B.P. MOLIERE.

Et se vend pour l'Autheur

A PARIS,
Chez PIERRE LE MONNIER, au Palais, vis-à-vis
la Porte de l'Eglise de la Sainte Chapelle,
a l'Image S. Louis, & au Feu Divin.

M. DC. LXXI.

AVEC PRIVILEGE DV ROY.

Page de titre du *Bourgeois gentilhomme.*

Le Bourgeois gentilhomme

Molière

Comédie-ballet représentée
pour la première fois
Le 14 octobre 1670 à Chambord

PERSONNAGES

MONSIEUR JOURDAIN	*bourgeois.*
MADAME JOURDAIN	*sa femme.*
LUCILE	*fille de M. Jourdain.*
NICOLE	*servante.*
CLÉONTE	*amoureux de Lucile.*
COVIELLE	*valet de Cléonte.*
DORANTE	*comte, amant de Dorimène.*
DORIMÈNE	*marquise.*

MAÎTRE DE MUSIQUE.

Élève du Maître de musique.

MAÎTRE À DANSER.

MAÎTRE D'ARMES.

MAÎTRE DE PHILOSOPHIE.

MAÎTRE TAILLEUR.

GARÇON TAILLEUR.

DEUX LAQUAIS.

PLUSIEURS MUSICIENS, MUSICIENNES, JOUEURS D'INSTRUMENTS, DANSEURS, CUISINIERS, GARÇONS TAILLEURS, ET AUTRES PERSONNAGES DES INTERMÈDES ET DU BALLET.

La scène est à Paris.

ACTE I

Scène 1

MAÎTRE DE MUSIQUE,
MAÎTRE À DANSER, TROIS MUSICIENS,
DEUX VIOLONS, QUATRE DANSEURS.

L'ouverture se fait par un grand assemblage d'instruments ; et dans le milieu du théâtre on voit un élève du Maître de musique, qui compose sur une table un air que le Bourgeois a demandé pour une sérénade.

MAÎTRE DE MUSIQUE, *parlant à ses musiciens.* Venez, entrez dans cette salle, et vous reposez là[1], en attendant qu'il[2] vienne.

MAÎTRE À DANSER, *parlant aux danseurs.* Et vous aussi, de ce côté.

MAÎTRE DE MUSIQUE, *à l'élève.* Est-ce fait ?

L'ÉLÈVE. Oui.

MAÎTRE DE MUSIQUE. Voyons... Voilà qui est bien.

MAÎTRE À DANSER. Est-ce quelque chose de nouveau ?

MAÎTRE DE MUSIQUE. Oui, c'est un air pour une sérénade[3], que je lui[4] ai fait composer ici, en attendant que notre homme fût éveillé.

MAÎTRE À DANSER. Peut-on voir ce que c'est ?

MAÎTRE DE MUSIQUE. Vous l'allez entendre, avec le dialogue[5], quand il viendra. Il ne tardera guère.

MAÎTRE À DANSER. Nos occupations, à vous, et à moi, ne sont pas petites maintenant.

---

1. **Vous reposez là :** reposez-vous là.
2. **Il :** Monsieur Jourdain.
3. **Sérénade :** pièce de musique destinée à être jouée à l'extérieur, de nuit.
4. **Lui :** l'élève.
5. **Dialogue :** composition musicale où alternent plusieurs voix.

MAÎTRE DE MUSIQUE. Il est vrai. Nous avons trouvé ici un homme comme il nous le faut à tous deux. Ce nous est une douce rente[1] que ce Monsieur Jourdain, avec les visions[2] de noblesse et de galanterie[3] qu'il est allé se mettre en tête. Et votre danse, et ma musique, auraient à souhaiter que tout le monde lui ressemblât.

MAÎTRE À DANSER. Non pas entièrement ; et je voudrais pour lui, qu'il se connût mieux qu'il ne fait aux choses que nous lui donnons.

MAÎTRE DE MUSIQUE. Il est vrai qu'il les connaît mal, mais il les paye bien ; et c'est de quoi maintenant nos arts ont plus besoin, que de toute autre chose.

MAÎTRE À DANSER. Pour moi, je vous l'avoue, je me repais[4] un peu de gloire. Les applaudissements me touchent ; et je tiens que dans tous les beaux arts, c'est un supplice assez fâcheux, que de se produire à des sots ; que d'essuyer[5] sur des compositions, la barbarie d'un stupide. Il y a plaisir, ne m'en parlez point[6], à travailler pour des personnes qui soient capables de sentir les délicatesses d'un art ; qui sachent faire un doux accueil aux beautés d'un ouvrage ; et par de chatouillantes[7] approbations, vous régaler[8] de votre travail. Oui, la récompense la plus agréable qu'on puisse recevoir des choses que l'on fait, c'est de les voir connues ; de les voir caressées[9] d'un applaudissement qui vous honore. Il n'y a rien, à mon avis, qui nous paye mieux que cela de toutes nos fatigues ; et ce sont des douceurs exquises, que des louanges éclairées[10].

MAÎTRE DE MUSIQUE. J'en demeure d'accord, et je les goûte comme vous. Il n'y a rien assurément qui chatouille davantage que

---

1. **Douce rente :** revenu régulier et facile à obtenir.
2. **Visions :** idées folles.
3. **Galanterie :** distinction.
4. **Je me repais :** je me nourris.
5. **Essuyer :** endurer, supporter.
6. **Ne m'en parlez point :** cela va sans dire.
7. **Chatouillantes :** agréables et délicates.
8. **Régaler :** récompenser.
9. **Caressées :** flattées.
10. **Louanges éclairées :** éloges prononcés par des personnes expertes.

les applaudissements que vous dites ; mais cet encens[1] ne fait pas vivre. Des louanges toutes pures, ne mettent point un homme à son aise : il y faut mêler du solide ; et la meilleure façon de louer, c'est de louer avec les mains[2]. C'est un homme à la vérité dont les lumières sont petites, qui parle à tort et à travers de toutes choses, et n'applaudit qu'à contresens ; mais son argent redresse les jugements de son esprit. Il a du discernement dans sa bourse. Ses louanges sont monnayées ; et ce bourgeois ignorant, nous vaut mieux, comme vous voyez, que le grand seigneur éclairé qui nous a introduits ici.

MAÎTRE À DANSER. Il y a quelque chose de vrai dans ce que vous dites ; mais je trouve que vous appuyez[3] un peu trop sur l'argent ; et l'intérêt est quelque chose de si bas, qu'il ne faut jamais qu'un honnête homme[4] montre pour lui de l'attachement.

MAÎTRE DE MUSIQUE. Vous recevez fort bien pourtant l'argent que notre homme vous donne.

MAÎTRE À DANSER. Assurément ; mais je n'en fais pas tout mon bonheur, et je voudrais qu'avec son bien, il eût encore quelque bon goût des choses.

MAÎTRE DE MUSIQUE. Je le voudrais aussi, et c'est à quoi nous travaillons tous deux autant que nous pouvons. Mais en tout cas il nous donne moyen de nous faire connaître dans le monde ; et il payera pour les autres, ce que les autres loueront pour lui.

MAÎTRE À DANSER. Le voilà qui vient.

---

1. **Encens :** flatterie.
2. **Avec les mains :** en donnant de l'argent.
3. **Appuyez :** insistez.
4. **Honnête homme :** homme cultivé et distingué.

Scène 2

MONSIEUR JOURDAIN, *en robe de chambre et bonnet de nuit,* DEUX LAQUAIS, MAÎTRE DE MUSIQUE, MAÎTRE À DANSER, VIOLONS, MUSICIENS ET DANSEURS.

MONSIEUR JOURDAIN. Hé bien, Messieurs ? Qu'est-ce ? Me ferez-vous voir votre petite drôlerie[1] ?

MAÎTRE À DANSER. Comment ? Quelle petite drôlerie ?

MONSIEUR JOURDAIN. Eh la... comment appelez-vous cela ? Votre prologue, ou dialogue de chansons et de danse.

MAÎTRE À DANSER. Ah, ah.

MAÎTRE DE MUSIQUE. Vous nous y voyez préparés.

MONSIEUR JOURDAIN. Je vous ai fait un peu attendre, mais c'est que je me fais habiller aujourd'hui comme les gens de qualité[2] ; et mon tailleur m'a envoyé des bas de soie[3] que j'ai pensé ne mettre jamais[4].

MAÎTRE DE MUSIQUE. Nous ne sommes ici que pour attendre votre loisir[5].

MONSIEUR JOURDAIN. Je vous prie tous deux de ne vous point en aller, qu'on ne m'ait apporté[6] mon habit, afin que vous me puissiez voir.

MAÎTRE À DANSER. Tout ce qu'il vous plaira.

---

1. **Drôlerie :** divertissement bouffon, de piètre qualité.
2. **Gens de qualité :** aristocrates de naissance ; ils portaient des vêtements colorés, alors que les bourgeois étaient vêtus de gris ou de noir.
3. **Bas de soie :** il s'agit à l'époque d'un vêtement luxueux.
4. **Que j'ai pensé ne mettre jamais :** que j'ai cru ne jamais réussir à enfiler (à cause de leur fragilité délicate).
5. **Loisir :** le moment où vous serez disponible.
6. **Qu'on ne m'ait apporté :** avant qu'on ne m'ait apporté.

MONSIEUR JOURDAIN. Vous me verrez équipé[1] comme il faut, depuis les pieds jusqu'à la tête.

MAÎTRE DE MUSIQUE. Nous n'en doutons point.

MONSIEUR JOURDAIN. Je me suis fait faire cette indienne[2]-ci.

MAÎTRE À DANSER. Elle est fort belle.

MONSIEUR JOURDAIN. Mon tailleur m'a dit que les gens de qualité étaient comme cela le matin.

MAÎTRE DE MUSIQUE. Cela vous sied à merveille.

MONSIEUR JOURDAIN. Laquais, holà, mes deux Laquais.

PREMIER LAQUAIS. Que voulez-vous, Monsieur ?

MONSIEUR JOURDAIN. Rien. C'est pour voir si vous m'entendez bien. *(Aux deux Maîtres.)* Que dites-vous de mes livrées[3] ?

MAÎTRE À DANSER. Elles sont magnifiques.

MONSIEUR JOURDAIN. *(Il entr'ouvre sa robe, et fait voir un haut-de-chausses[4] étroit de velours rouge, et une camisole[5] de velours vert, dont il est vêtu.)* Voici encore un petit déshabillé pour faire le matin mes exercices.

MAÎTRE DE MUSIQUE. Il est galant[6].

MONSIEUR JOURDAIN. Laquais.

PREMIER LAQUAIS. Monsieur.

MONSIEUR JOURDAIN. L'autre Laquais.

SECOND LAQUAIS. Monsieur.

MONSIEUR JOURDAIN, *ôtant sa robe de chambre.* Tenez ma robe[7]. *(Aux deux Maîtres.)* Me trouvez-vous bien comme cela ?

MAÎTRE À DANSER. Fort bien. On ne peut pas mieux.

---

1. **Équipé :** habillé.
2. **Indienne :** étoffe précieuse importée d'Inde.
3. **Livrées :** uniformes des laquais au service d'aristocrates.
4. **Haut-de-chausses :** sorte de pantalon court.
5. **Camisole :** vêtement porté sous la chemise.
6. **Galant :** élégant.
7. **Robe :** robe de chambre.

MONSIEUR JOURDAIN. Voyons un peu votre affaire.

MAÎTRE DE MUSIQUE. Je voudrais bien auparavant vous faire entendre un air *(montrant son élève)* qu'il vient de composer pour la sérénade que vous m'avez demandée. C'est un de mes écoliers[1], qui a pour ces sortes de choses un talent admirable.

MONSIEUR JOURDAIN. Oui ; mais il ne fallait pas faire faire cela par un écolier ; et vous n'étiez pas trop bon vous-même pour cette besogne-là.

MAÎTRE DE MUSIQUE. Il ne faut pas, Monsieur, que le nom d'écolier vous abuse. Ces sortes d'écoliers en savent autant que les plus grands maîtres, et l'air est aussi beau qu'il s'en puisse faire. Écoutez seulement.

MONSIEUR JOURDAIN, *à ses Laquais.* Donnez-moi ma robe pour mieux entendre... Attendez, je crois que je serai mieux sans robe... Non, redonnez-la-moi, cela ira mieux.

MUSICIEN, *chantant.*
Je languis nuit et jour, et mon mal est extrême,
Depuis qu'à vos rigueurs vos beaux yeux m'ont soumis :
Si vous traitez ainsi, belle Iris, qui vous aime,
Hélas ! que pourriez-vous faire à vos ennemis ?

MONSIEUR JOURDAIN. Cette chanson me semble un peu lugubre, elle endort, et je voudrais que vous la pussiez un peu ragaillardir[2] par-ci, par-là.

MAÎTRE DE MUSIQUE. Il faut, Monsieur, que l'air soit accommodé[3] aux paroles.

MONSIEUR JOURDAIN. On m'en apprit un tout à fait joli il y a quelque temps. Attendez... Là... comment est-ce qu'il dit ?

MAÎTRE À DANSER. Par ma foi, je ne sais.

MONSIEUR JOURDAIN. Il y a du mouton dedans.

MAÎTRE À DANSER. Du mouton ?

---

1. **Écoliers :** élèves avancés ou disciples (et non, comme le comprend M. Jourdain, enfants qui vont à l'école).
2. **Ragaillardir :** rendre plus vif, plus gai.
3. **Accommodé :** accordé.

MONSIEUR JOURDAIN. Oui. Ah. *(Monsieur Jourdain chante.)*
Je croyais Janneton
Aussi douce que belle ;
Je croyais Janneton
Plus douce qu'un mouton :
Hélas ! hélas !
Elle est cent fois, mille fois plus cruelle,
Que n'est le tigre aux bois.
N'est-il pas joli ?[1]

MAÎTRE DE MUSIQUE. Le plus joli du monde.

MAÎTRE À DANSER. Et vous le chantez bien.

MONSIEUR JOURDAIN. C'est sans avoir appris la musique.

MAÎTRE DE MUSIQUE. Vous devriez l'apprendre, Monsieur, comme vous faites la danse. Ce sont deux arts qui ont une étroite liaison ensemble.

MAÎTRE À DANSER. Et qui ouvrent l'esprit d'un homme aux belles choses.

MONSIEUR JOURDAIN. Est-ce que les gens de qualité[2] apprennent aussi la musique ?

MAÎTRE DE MUSIQUE. Oui, Monsieur.

MONSIEUR JOURDAIN. Je l'apprendrai donc. Mais je ne sais quel temps je pourrai prendre ; car outre le Maître d'armes qui me montre[3], j'ai arrêté[4] encore un Maître de philosophie qui doit commencer ce matin.

MAÎTRE DE MUSIQUE. La philosophie est quelque chose ; mais la musique, Monsieur, la musique...

MAÎTRE À DANSER. La musique et la danse... La musique et la danse, c'est là tout ce qu'il faut.

MAÎTRE DE MUSIQUE. Il n'y a rien qui soit si utile dans un État, que la musique.

---

1. **N'est-il pas joli ? :** n'est-ce pas joli ?
2. **Les gens de qualité :** les nobles de naissance.
3. **Me montre :** m'enseigne.
4. **J'ai arrêté :** j'ai engagé, embauché.

Maître à danser. Il n'y a rien qui soit si nécessaire aux hommes, que la danse.

Maître de musique. Sans la musique, un État ne peut subsister.

Maître à danser. Sans la danse, un homme ne saurait rien faire.

Maître de musique. Tous les désordres, toutes les guerres qu'on voit dans le monde, n'arrivent que pour n'apprendre pas[1] la musique.

Maître à danser. Tous les malheurs des hommes, tous les revers funestes[2] dont les histoires sont remplies, les bévues[3] des politiques, et les manquements[4] des grands capitaines, tout cela n'est venu que faute de savoir danser.

Monsieur Jourdain. Comment cela ?

Maître de musique. La guerre ne vient-elle pas d'un manque d'union entre les hommes ?

Monsieur Jourdain. Cela est vrai.

Maître de musique. Et si tous les hommes apprenaient la musique, ne serait-ce pas le moyen de s'accorder ensemble, et de voir dans le monde la paix universelle ?

Monsieur Jourdain. Vous avez raison.

Maître à danser. Lorsqu'un homme a commis un manquement dans sa conduite, soit aux affaires de sa famille, ou au gouvernement d'un État, ou au commandement d'une armée, ne dit-on pas toujours : « Un tel a fait un mauvais pas dans une telle affaire » ?

Monsieur Jourdain. Oui, on dit cela.

Maître à danser. Et faire un mauvais pas, peut-il procéder d'autre chose que de ne savoir pas danser ?

Monsieur Jourdain. Cela est vrai, vous avez raison tous deux.

---

1. **Pour n'apprendre pas :** parce qu'on n'apprend pas..
2. **Revers funestes :** coups du sort apportant le malheur.
3. **Bévues :** erreurs d'étourderie.
4. **Manquements :** fautes.

MAÎTRE À DANSER. C'est pour vous faire voir l'excellence et l'utilité de la danse et de la musique.

MONSIEUR JOURDAIN. Je comprends cela à cette heure.

MAÎTRE DE MUSIQUE. Voulez-vous voir nos deux affaires ?

MONSIEUR JOURDAIN. Oui.

MAÎTRE DE MUSIQUE. Je vous l'ai déjà dit, c'est un petit essai que j'ai fait autrefois des diverses passions que peut exprimer la musique.

MONSIEUR JOURDAIN. Fort bien.

MAÎTRE DE MUSIQUE, *aux musiciens.* Allons, avancez. *(À M. Jourdain.)* Il faut vous figurer qu'ils sont habillés en bergers[1].

MONSIEUR JOURDAIN. Pourquoi toujours des bergers ? On ne voit que cela partout.

MAÎTRE À DANSER. Lorsqu'on a des personnes à faire parler en musique, il faut bien que pour la vraisemblance on donne dans la bergerie. Le chant a été de tout temps affecté aux bergers ; et il n'est guère naturel en dialogue, que des princes, ou des bourgeois chantent leurs passions.

MONSIEUR JOURDAIN. Passe, passe. Voyons.

DIALOGUE EN MUSIQUE

UNE MUSICIENNE ET DEUX MUSICIENS

Un cœur, dans l'amoureux empire[2],
De mille soins[3] est toujours agité :
On dit qu'avec plaisir on languit, on soupire ;
Mais, quoi qu'on puisse dire,
Il n'est rien de si doux que notre liberté.

PREMIER MUSICIEN

Il n'est rien de si doux que les tendres ardeurs
Qui font vivre deux cœurs
Dans une même envie :

---

1. **Des bergers :** les pastorales (récits, chants et danses de bergers) étaient alors très à la mode.
2. **Dans l'amoureux empire :** esclave de l'amour.
3. **Soins :** soucis.

On ne peut être heureux sans amoureux désirs ;
Ôtez l'amour de la vie,
Vous en ôtez les plaisirs.

SECOND MUSICIEN
Il serait doux d'entrer sous l'amoureuse loi,
Si l'on trouvait en amour de la foi[1] *:*
Mais hélas, ô rigueur cruelle,
On ne voit point de bergère fidèle ;
Et ce sexe inconstant, trop indigne du jour,
Doit faire pour jamais renoncer à l'amour.

PREMIER MUSICIEN
Aimable ardeur !

MUSICIENNE
Franchise heureuse !

SECOND MUSICIEN
Sexe trompeur !

PREMIER MUSICIEN
Que tu m'es précieuse !

MUSICIENNE
Que tu plais à mon cœur !

SECOND MUSICIEN
Que tu me fais d'horreur !

PREMIER MUSICIEN
Ah ! quitte pour aimer, cette haine mortelle !

MUSICIENNE
On peut, on peut te montrer
Une bergère fidèle.

SECOND MUSICIEN
Hélas ! où la rencontrer ?

MUSICIENNE
Pour défendre notre gloire,
Je te veux offrir mon cœur.

---

1. **Foi :** fidélité.

SECOND MUSICIEN
Mais, bergère, puis-je croire
Qu'il ne sera point trompeur ?

MUSICIENNE
Voyons par expérience
Qui des deux aimera mieux.

SECOND MUSICIEN
Qui manquera de constance,
Le puissent perdre les dieux[1].

TOUS TROIS
À des ardeurs si belles
Laissons-nous enflammer ;
Ah ! qu'il est doux d'aimer,
Quand deux cœurs sont fidèles !

MONSIEUR JOURDAIN. Est-ce tout ?

MAÎTRE DE MUSIQUE. Oui.

MONSIEUR JOURDAIN. Je trouve cela bien troussé[2], et il y a là-dedans de petits dictons assez jolis.

MAÎTRE À DANSER. Voici pour mon affaire, un petit essai des plus beaux mouvements, et des plus belles attitudes dont une danse puisse être variée.

MONSIEUR JOURDAIN. Sont-ce encore des bergers ?

MAÎTRE À DANSER. C'est ce qu'il vous plaira. *(Aux danseurs.)* Allons.

ENTRÉE DE BALLET

Quatre danseurs exécutent tous les mouvements différents, et toutes les sortes de pas que le maître à danser leur commande ; et cette danse fait le premier intermède.

---

1. **Le puissent perdre les dieux ! :** Que les dieux le punissent !
2. **Bien troussé :** bien tourné, bien exprimé.

Clefs d'analyse Acte I, scènes 1 et 2

Action et personnages

1. Que sait le spectateur du statut social de M. Jourdain ? En quoi cela éclaire-t-il le titre de la pièce ? Qu'apprenons-nous sur son caractère ? En quoi sa première réplique est-elle révélatrice ? À quels moments sa vanité et son ignorance apparaissent-elles ? Quelle est son obsession ? Comment se traduit-elle ?
2. Sur quoi porte la conversation entre le maître de musique et le maître à danser ? Sont-ils d'accord ? Lequel est le plus antipathique ? Pourquoi ?
3. Quelle est la conception que le maître de musique et le maître à danser se font de leur art ? En quoi leur confrontation avec le bourgeois, dans la deuxième scène, les fait-elle apparaître sous un jour nouveau ?
4. À quel moment le spectateur rit-il au cours de la deuxième scène ? Pourquoi ?

Langue

5. Comment définiriez-vous le vocabulaire employé par le maître de musique et le maître à danser ? Relevez les expressions qui appartiennent au champ sémantique du profit.
6. Dans la première scène, montrez comment s'enchaînent les répliques.
7. Dans la deuxième scène, relevez toutes les expressions qui s'apparentent à la flatterie.
8. En quoi la réplique de M. Jourdain « Donnez-moi ma robe pour mieux entendre » (scène 2, l. 55-56) est-elle comique ?

Genre ou thèmes

9. Relevez les mots et les expressions qui font référence à M. Jourdain avant son arrivée sur scène. Quelles sont les allusions qui laissent deviner qu'il s'agit d'un personnage riche ? Pourquoi Molière a-t-il choisi de ne faire apparaître le personnage principal que dans la deuxième scène ?

10. La comédie-ballet associe le théâtre et la danse. Comment Molière introduit-il à la fin de l'acte le passage au spectacle musical ? Son procédé vous paraît-il efficace ou un peu forcé ? Justifiez votre réponse.

11. Au cours de ce premier acte, l'action progresse-t-elle ? En quoi ces deux scènes constituent-elles bien plutôt une préparation à ce qui va suivre ?

Écriture

12. Avez-vous déjà rêvé de devenir artiste ? À la manière du maître à danser et du maître de musique, exposez l'idée que vous vous faites de l'art que vous aimeriez maîtriser et pratiquer.

Pour aller plus loin

13. « Pourquoi toujours des bergers ? On ne voit que cela partout. » (scène 2, l. 142-143). La remarque de M. Jourdain fait référence à un engouement pour les sujets bucoliques et la pastorale qui prédominaient à l'époque de Molière, tant au théâtre et dans la littérature que dans la peinture. Documentez-vous sur cette mode et sur les raisons qui peuvent l'expliquer, et présentez le résultat de vos recherches sous la forme d'un exposé oral.

* À retenir

Au début d'une pièce, dans l'exposition, le dramaturge doit fournir au spectateur toutes les informations nécessaires pour comprendre la suite de l'action : présentation des personnages importants, dévoilement de l'enjeu principal, etc. Il doit aussi ménager un certain suspens. En cette fin de premier acte, pourtant, l'action n'est pas vraiment engagée – même si le spectateur, pris dans l'atmosphère de fête qui règne chez M. Jourdain, est déjà captivé.

ACTE II

Scène 1

MONSIEUR JOURDAIN,
MAÎTRE DE MUSIQUE, MAÎTRE À DANSER,
LAQUAIS.

MONSIEUR JOURDAIN. Voilà qui n'est point sot, et ces gens-là se trémoussent[1] bien.

MAÎTRE DE MUSIQUE. Lorsque la danse sera mêlée avec la musique, cela fera plus d'effet encore, et vous verrez quelque chose de galant[2] dans le petit ballet que nous avons ajusté pour vous.

MONSIEUR JOURDAIN. C'est pour tantôt au moins[3] ; et la personne pour qui j'ai fait faire tout cela, me doit faire l'honneur de venir dîner céans[4].

MAÎTRE À DANSER. Tout est prêt.

MAÎTRE DE MUSIQUE. Au reste, Monsieur, ce n'est pas assez, il faut qu'une personne comme vous, qui êtes magnifique[5], et qui avez de l'inclination[6] pour les belles choses, ait un concert de musique chez soi tous les mercredis, ou tous les jeudis.

MONSIEUR JOURDAIN. Est-ce que les gens de qualité[7] en ont ?

MAÎTRE DE MUSIQUE. Oui, Monsieur.

MONSIEUR JOURDAIN. J'en aurai donc. Cela sera-t-il beau ?

MAÎTRE DE MUSIQUE. Sans doute. Il vous faudra trois voix, un dessus[8], une haute-contre[9], et une basse, qui seront accompa-

---

1. **Se trémoussent :** s'agitent d'un mouvement rapide et irrégulier.
2. **Galant :** élégant.
3. **Au moins :** sans faute.
4. **Dîner céans :** déjeuner ici, à la maison.
5. **Magnifique :** qui dépense sans compter.
6. **Inclination :** goût.
7. **Les gens de qualité :** les nobles de naissance.
8. **Un dessus :** un ténor.
9. **Une haute-contre :** une voix d'homme aiguë.

gnées d'une basse de viole[1], d'un théorbe[2], et d'un clavecin[3] pour les basses continues, avec deux dessus de violon[4] pour jouer les ritournelles[5].

MONSIEUR JOURDAIN. Il y faudra mettre aussi une trompette marine[6]. La trompette marine est un instrument qui me plaît, et qui est harmonieux.

MAÎTRE DE MUSIQUE. Laissez-nous gouverner les choses.

MONSIEUR JOURDAIN. Au moins, n'oubliez pas tantôt de m'envoyer des musiciens, pour chanter à table.

MAÎTRE DE MUSIQUE. Vous aurez tout ce qu'il vous faut.

MONSIEUR JOURDAIN. Mais surtout, que le ballet soit beau.

MAÎTRE DE MUSIQUE. Vous en serez content, et entre autres choses de certains menuets[7] que vous y verrez.

MONSIEUR JOURDAIN. Ah les menuets sont ma danse, et je veux que vous me les voyiez danser. Allons, mon maître.

MAÎTRE À DANSER. Un chapeau, Monsieur, s'il vous plaît. *(M. Jourdain va prendre le chapeau de son laquais et le met par-dessus son bonnet de nuit. Son maître lui prend les mains et le fait danser sur un air de menuet qu'il chante.)* La, la, la ; la, la, la, la, la, la ; la, la, la, bis ; la, la, la ; la, la. En cadence, s'il vous plaît. La, la, la, la. La jambe droite. La, la, la. Ne remuez point tant les épaules. La, la, la, la, la ; la, la, la, la, la. Vos deux bras sont estropiés. La, la, la, la, la. Haussez la tête. Tournez la pointe du pied en dehors. La, la, la. Dressez votre corps.

MONSIEUR JOURDAIN. Euh ?

MAÎTRE DE MUSIQUE. Voilà qui est le mieux du monde.

---

1. **Une basse de viole :** un grand violon.
2. **Un téorbe :** une sorte de luth.
3. **Un clavecin :** un instrument à clavier.
4. **Un dessus de violon :** un violon aigu.
5. **Des ritournelles :** des petits motifs musicaux qui précédaient les morceaux chantés.
6. **Trompette marine :** une sorte de mandoline au son grave et rude, dont jouaient notamment les mendiants dans les rues.
7. **Menuets :** danses gracieuses à trois temps.

MONSIEUR JOURDAIN. À propos. Apprenez-moi comme il faut faire une révérence pour saluer une marquise ; j'en aurai besoin tantôt.

MAÎTRE À DANSER. Une révérence pour saluer une marquise ?

MONSIEUR JOURDAIN. Oui. une marquise qui s'appelle Dorimène.

MAÎTRE À DANSER. Donnez-moi la main.

MONSIEUR JOURDAIN. Non. Vous n'avez qu'à faire, je le retiendrai bien.

MAÎTRE À DANSER. Si vous voulez la saluer avec beaucoup de respect, il faut faire d'abord une révérence en arrière, puis marcher vers elle avec trois révérences en avant, et à la dernière vous baisser jusqu'à ses genoux.

MONSIEUR JOURDAIN. Faites un peu ? *(Après que le maître à danser a fait trois révérences.)* Bon.

PREMIER LAQUAIS. Monsieur, voilà votre maître d'armes qui est là.

MONSIEUR JOURDAIN. Dis-lui qu'il entre ici pour me donner leçon. *(Au maître de musique et au Maître à danser.)* Je veux que vous me voyiez faire.

Scène 2

MAÎTRE D'ARMES, MAÎTRE DE MUSIQUE, MAÎTRE À DANSER, MONSIEUR JOURDAIN, UN LAQUAIS, *tenant deux fleurets.*

MAÎTRE D'ARMES, *après avoir pris les deux fleurets de la main du laquais et en avoir présenté un à Monsieur Jourdain.* Allons, Monsieur, la révérence[1]. Votre corps droit. Un peu penché sur la cuisse gauche. Les jambes point tant écartées. Vos pieds sur une

1. **Révérence :** il s'agit ici du salut que s'adressent les duellistes avant le combat, et non de la révérence au sens commun du terme.

même ligne. Votre poignet à l'opposite[1] de votre hanche. La pointe de votre épée vis-à-vis de votre épaule. Le bras pas tout à fait si étendu. La main gauche à la hauteur de l'œil. L'épaule gauche plus quartée[2]. La tête droite. Le regard assuré. Avancez. Le corps ferme. Touchez-moi l'épée de quarte, et achevez de même. Une, deux. Remettez-vous. Redoublez[3] de pied ferme. Un saut en arrière. Quand vous portez la botte[4], Monsieur, il faut que l'épée parte la première, et que le corps soit bien effacé. Une, deux. Allons, touchez-moi l'épée de tierce, et achevez de même. Avancez. Le corps ferme. Avancez. Partez de là. Une, deux. Remettez-vous. Redoublez. Un saut en arrière. En garde, Monsieur, en garde.

(Le maître d'armes lui pousse deux ou trois bottes, en lui disant, « En garde ! »)

MONSIEUR JOURDAIN. Euh ?

MAÎTRE DE MUSIQUE. Vous faites des merveilles.

MAÎTRE D'ARMES. Je vous l'ai déjà dit ; tout le secret des armes ne consiste qu'en deux choses, à donner, et à ne point recevoir : et comme je vous fis voir l'autre jour par raison démonstrative[5], il est impossible que vous receviez, si vous savez détourner l'épée de votre ennemi de la ligne de votre corps ; ce qui ne dépend seulement que d'un petit mouvement du poignet ou en dedans, ou en dehors.

MONSIEUR JOURDAIN. De cette façon donc un homme, sans avoir du cœur[6], est sûr de tuer son homme, et de n'être point tué ?

MAÎTRE D'ARMES. Sans doute. N'en vîtes-vous pas la démonstration ?

MONSIEUR JOURDAIN. Oui.

---

1. **À l'opposite :** à l'opposé.
2. **Quartée :** une façon d'attaquer à l'escrime.
3. **Redoublez :** recommencez.
4. **Vous portez la botte :** vous portez un coup (à l'escrime).
5. **Raison démonstrative :** dans le vocabulaire de la rhétorique, raisonnement qui prouve avec évidence.
6. **Cœur :** courage.

MAÎTRE D'ARMES. Et c'est en quoi l'on voit de quelle considération nous autres nous devons être dans un État, et combien la science des armes l'emporte hautement sur toutes les autres sciences inutiles, comme la danse, la musique, la...

MAÎTRE À DANSER. Tout beau[1], Monsieur le tireur d'armes. Ne parlez de la danse qu'avec respect.

MAÎTRE DE MUSIQUE. Apprenez, je vous prie, à mieux traiter l'excellence de la musique.

MAÎTRE D'ARMES. Vous êtes de plaisantes gens, de vouloir comparer vos sciences à la mienne !

MAÎTRE DE MUSIQUE. Voyez un peu l'homme d'importance !

MAÎTRE À DANSER. Voilà un plaisant animal, avec son plastron[2] !

MAÎTRE D'ARMES. Mon petit maître à danser, je vous ferais danser comme il faut. Et vous, mon petit musicien, je vous ferais chanter de la belle manière.

MAÎTRE À DANSER. Monsieur le batteur de fer[3], je vous apprendrai votre métier.

MONSIEUR JOURDAIN, *au maître à danser.* Êtes-vous fou de l'aller quereller, lui qui entend la tierce et la quarte, et qui sait tuer un homme par raison démonstrative ?

MAÎTRE À DANSER. Je me moque de sa raison démonstrative, et de sa tierce, et de sa quarte.

MONSIEUR JOURDAIN, *au maître à danser.* Tout doux, vous dis-je.

MAÎTRE D'ARMES, *au maître à danser.* Comment ? petit impertinent !

MONSIEUR JOURDAIN. Eh ! mon maître d'armes.

MAÎTRE À DANSER, *au maître d'armes.* Comment ? grand cheval de carrosse[4] !

---

1. **Tout beau** : doucement, du calme.
2. **Plastron :** pièce de cuir rembourrée que les escrimeurs portent sur la poitrine.
3. **Batteur de fer :** ferrailleur.
4. **Cheval de carrosse :** cheval de trait, par opposition au cheval de race.

MONSIEUR JOURDAIN. Eh ! mon maître à danser.

MAÎTRE D'ARMES. Si je me jette sur vous...

MONSIEUR JOURDAIN, *au maître d'armes.* Doucement.

MAÎTRE À DANSER. Si je mets sur vous la main...

MONSIEUR JOURDAIN, *au maître à danser.* Tout beau.

MAÎTRE D'ARMES. Je vous étrillerai[1] d'un air...

MONSIEUR JOURDAIN, *au maître d'armes.* De grâce.

MAÎTRE À DANSER. Je vous rosserai d'une manière...

MONSIEUR JOURDAIN, *au maître à danser.* Je vous prie.

MAÎTRE DE MUSIQUE. Laissez-nous un peu lui apprendre à parler.

MONSIEUR JOURDAIN, *au maître de musique.* Mon Dieu. arrêtez-vous.

Scène 3

MAÎTRE DE PHILOSOPHIE,
MAÎTRE DE MUSIQUE,
MAÎTRE À DANSER, MAÎTRE D'ARMES,
MONSIEUR JOURDAIN, LAQUAIS.

MONSIEUR JOURDAIN. Holà ! monsieur le philosophe, vous arrivez tout à propos avec votre philosophie. Venez un peu mettre la paix entre ces personnes-ci.

MAÎTRE DE PHILOSOPHIE. Qu'est-ce donc ? Qu'y a-t-il, messieurs ?

MONSIEUR JOURDAIN. Ils se sont mis en colère pour la préférence[2] de leurs professions, jusqu'à se dire des injures, et en vouloir venir aux mains.

MAÎTRE DE PHILOSOPHIE. Hé quoi ! messieurs, faut-il s'emporter de la sorte ? et n'avez-vous point lu le docte[3] traité que Sénèque[4] a

---

1. **Étrillerai :** battrai.
2. **Préférence :** supériorité.
3. **Docte :** savant.
4. **Sénèque :** philosophe de l'Antiquité romaine, qui enseigne comment dominer ses passions.

composé de la colère ? Y a-t-il rien de plus bas et de plus honteux, que cette passion, qui fait d'un homme une bête féroce ? Et la raison ne doit-elle pas être maîtresse de tous nos mouvements ?

MAÎTRE À DANSER. Comment ! Monsieur, il vient nous dire des injures à tous deux, en méprisant la danse que j'exerce, et la musique dont il fait profession.

MAÎTRE DE PHILOSOPHIE. Un homme sage est au-dessus de toutes les injures qu'on lui peut dire ; et la grande réponse qu'on doit faire aux outrages, c'est la modération et la patience.

MAÎTRE D'ARMES. Ils ont tous deux l'audace, de vouloir comparer leurs professions à la mienne.

MAÎTRE DE PHILOSOPHIE. Faut-il que cela vous émeuve ? Ce n'est pas de vaine gloire, et de condition[1], que les hommes doivent disputer[2] entre eux ; et ce qui nous distingue parfaitement les uns des autres, c'est la sagesse, et la vertu.

MAÎTRE À DANSER. Je lui soutiens que la danse est une science à laquelle on ne peut faire assez d'honneur.

MAÎTRE DE MUSIQUE. Et moi, que la musique en est une que tous les siècles ont révérée[3].

MAÎTRE D'ARMES. Et moi, je leur soutiens à tous deux que la science de tirer des armes est la plus belle et la plus nécessaire de toutes les sciences.

MAÎTRE DE PHILOSOPHIE. Et que sera donc la philosophie ? Je vous trouve tous trois bien impertinents, de parler devant moi avec cette arrogance, et de donner impudemment le nom de science à des choses que l'on ne doit pas même honorer du nom d'art, et qui ne peuvent être comprises que sous le nom de métier misérable de gladiateur, de chanteur, et de baladin[4] !

MAÎTRE D'ARMES. Allez, philosophe de chien !

---

1. **Condition :** rang social.
2. **Disputer :** discuter.
3. **Révérée :** respectée.
4. **Baladin :** danseur (terme méprisant).

MAÎTRE DE MUSIQUE. Allez, belître[1] de pédant !

MAÎTRE À DANSER. Allez, cuistre fieffé[2] !

MAÎTRE DE PHILOSOPHIE. Comment ! marauds[3] que vous êtes... *(Le philosophe se jette sur eux, et tous trois le chargent de coups.)*

MONSIEUR JOURDAIN. Monsieur le philosophe !

MAÎTRE DE PHILOSOPHIE. Infâmes ! coquins ! insolents !

MONSIEUR JOURDAIN. Monsieur le philosophe !

MAÎTRE D'ARMES. La peste l'animal ![4]

MONSIEUR JOURDAIN. Messieurs.

MAÎTRE DE PHILOSOPHIE. Impudents[5] !

MONSIEUR JOURDAIN. Monsieur le philosophe !

MAÎTRE À DANSER. Diantre soit de l'âne bâté ![6]

MONSIEUR JOURDAIN. Messieurs.

MAÎTRE DE PHILOSOPHIE. Scélérats !

MONSIEUR JOURDAIN. Monsieur le philosophe !

MAÎTRE DE MUSIQUE. Au diable l'impertinent !

MONSIEUR JOURDAIN. Messieurs.

MAÎTRE DE PHILOSOPHIE. Fripons ! gueux ! traîtres ! imposteurs !
Ils sortent.

MONSIEUR JOURDAIN. Monsieur le Philosophe, messieurs, monsieur le Philosophe, messieurs, monsieur le Philosophe !... *(Ils sortent en se battant.)* Oh ! battez-vous tant qu'il vous plaira, je n'y saurais que faire, et je n'irai pas gâter ma robe pour vous séparer. Je serais bien fou de m'aller fourrer parmi eux, pour recevoir quelque coup qui me ferait mal.

---

1. **Bélître :** coquin, vaurien (injure).
2. **Cuistre fieffé :** parfait pédant, vaniteux et ridicule.
3. **Marauds :** canailles.
4. **La peste l'animal ! :** que la peste emporte cet animal !
5. **Impudents :** effrontés, impertinents.
6. **Diantre soit de l'âne bâté ! :** que cet âne stupide aille au diable !

Scène 4 Maître de philosophie, Monsieur Jourdain.

Maître de philosophie, *en raccommodant son collet*[1]. Venons à notre leçon.

Monsieur Jourdain. Ah ! monsieur, je suis fâché des coups qu'ils vous ont donnés.

Maître de philosophie. Cela n'est rien. Un philosophe sait recevoir comme il faut les choses, et je vais composer contre eux une satire du style de Juvénal[2], qui les déchirera de la belle façon. Laissons cela. Que voulez-vous apprendre ?

Monsieur Jourdain. Tout ce que je pourrai, car j'ai toutes les envies du monde d'être savant, et j'enrage que mon père et ma mère ne m'aient pas fait bien étudier dans toutes les sciences, quand j'étais jeune.

Maître de philosophie. Ce sentiment est raisonnable, *Nam sine doctrina vita est quasi mortis imago.* Vous entendez[3] cela, et vous savez le latin sans doute ?

Monsieur Jourdain. Oui, mais faites comme si je ne le savais pas. Expliquez-moi ce que cela veut dire.

Maître de philosophie. Cela veut dire que sans la science, la vie est presque une image de la mort.

Monsieur Jourdain. Ce latin-là a raison.

Maître de philosophie. N'avez-vous point quelques principes, quelques commencements des sciences ?

Monsieur Jourdain. Oh ! oui, je sais lire et écrire.

---

1. **Collet :** rabat de toile blanche porté autour du cou.
2. **Juvenal :** poète latin, auteur de satires (ouvrages critiquant les comportements ridicules ou blâmables).
3. **Entendez :** comprenez.

MAÎTRE DE PHILOSOPHIE. Par où vous plaît-il que nous commencions ? Voulez-vous que je vous apprenne la logique[1] ?

MONSIEUR JOURDAIN. Qu'est-ce que c'est que cette logique ?

MAÎTRE DE PHILOSOPHIE. C'est elle qui enseigne les trois opérations de l'esprit.

MONSIEUR JOURDAIN. Qui sont-elles[2], ces trois opérations de l'esprit ?

MAÎTRE DE PHILOSOPHIE. La première, la seconde, et la troisième. La première est de bien concevoir par le moyen des universaux[3] ; la seconde, de bien juger par le moyen des catégories[4] ; et la troisième, de bien tirer une conséquence par le moyen des figures[5]. *Barbara, Celarent, Darii, Ferio, Baralipton*, etc.

MONSIEUR JOURDAIN. Voilà des mots qui sont trop rébarbatifs[6]. Cette logique-là ne me revient point. Apprenons autre chose qui soit plus joli.

MAÎTRE DE PHILOSOPHIE. Voulez-vous apprendre la morale ?

MONSIEUR JOURDAIN. La morale ?

MAÎTRE DE PHILOSOPHIE. Oui.

MONSIEUR JOURDAIN. Qu'est-ce qu'elle dit, cette morale ?

MAÎTRE DE PHILOSOPHIE. Elle traite de la félicité[7], enseigne aux hommes à modérer leurs passions, et...

MONSIEUR JOURDAIN. Non, laissons cela. Je suis bilieux[8] comme tous les diables ; et, il n'y a morale qui tienne, je me veux mettre en colère tout mon soûl, quand il m'en prend envie.

---

1. **Logique :** partie de la philosophie qui traite des manières de conduire un raisonnement.
2. **Qui sont-elles :** Quelles sont-elles.
3. **Les universaux :** catégorie philosophique désignant les caractères communs à tous les individus d'une espèce.
4. **Les catégories :** les dix classes selon lesquelles le philosophe Aristote répartit les êtres.
5. **Figures :** types de syllogismes, de raisonnements. Les formules qui suivent sont des termes mnémotechniques destinés à se souvenir de ces différents types.
6. **Rébarbatifs :** ennuyeux.
7. **Félicité :** bonheur.
8. **Bilieux :** colérique.

MAÎTRE DE PHILOSOPHIE. Est-ce la physique[1] que vous voulez apprendre ?

MONSIEUR JOURDAIN. Qu'est-ce qu'elle chante, cette physique ?

MAÎTRE DE PHILOSOPHIE. La physique est celle qui explique les principes des choses naturelles et les propriétés du corps ; qui discourt de la nature des éléments, des métaux, des minéraux, des pierres, des plantes et des animaux, et nous enseigne les causes de tous les météores[2], l'arc-en-ciel, les feux volants[3], les comètes, les éclairs, le tonnerre, la foudre, la pluie, la neige, la grêle, les vents, et les tourbillons[4].

MONSIEUR JOURDAIN. Il y a trop de tintamarre là dedans, trop de brouillamini[5].

MAÎTRE DE PHILOSOPHIE. Que voulez-vous donc que je vous apprenne ?

MONSIEUR JOURDAIN. Apprenez-moi l'orthographe.

MAÎTRE DE PHILOSOPHIE. Très volontiers.

MONSIEUR JOURDAIN. Après vous m'apprendrez l'almanach, pour savoir quand il y a de la lune, et quand il n'y en a point.

MAÎTRE DE PHILOSOPHIE. Soit. Pour bien suivre votre pensée et traiter cette matière en philosophe, il faut commencer, selon l'ordre des choses, par une exacte connaissance de la nature des lettres et de la différente manière de les prononcer toutes. Et là-dessus j'ai à vous dire que les lettres sont divisées en voyelles, ainsi dites voyelles, parce qu'elles expriment les voix[6] ; et en consonnes, ainsi appelées consonnes, parce qu'elles sonnent avec les voyelles, et ne font que marquer les diverses articulations des voix. Il y a cinq voyelles ou voix : A, E, I, O, U.

---

1. **Physique :** au XVIIe siècle, la science physique englobe tout le savoir relatif au monde matériel : physique, chimie, astronomie, botanique, etc.
2. **Météores :** phénomènes se produisant dans les parties supérieures de l'atmosphère.
3. **Feux volants :** feux follets.
4. **Tourbillons :** tempêtes.
5. **Brouillamini :** confusion.
6. **Voix :** sons.

MONSIEUR JOURDAIN. J'entends tout cela.

MAÎTRE DE PHILOSOPHIE. La voix A se forme en ouvrant fort la bouche : A.

MONSIEUR JOURDAIN. A, A, oui.

MAÎTRE DE PHILOSOPHIE. La voix E se forme en rapprochant la mâchoire d'en bas de celle d'en haut : A, E.

MONSIEUR JOURDAIN. A, E, A, E. Ma foi, oui. Ah ! que cela est beau !

MAÎTRE DE PHILOSOPHIE. Et la voix I, en rapprochant encore davantage les mâchoires l'une de l'autre, et écartant les deux coins de la bouche vers les oreilles : A, E, I.

MONSIEUR JOURDAIN. A, E, I, I, I, I. Cela est vrai. Vive la science !

MAÎTRE DE PHILOSOPHIE. La voix O se forme en rouvrant les mâchoires, et rapprochant les lèvres par les deux coins, le haut et le bas : O.

MONSIEUR JOURDAIN. O, O. Il n'y a rien de plus juste. A, E, I, O, I, O. Cela est admirable ! I, O, I, O.

MAÎTRE DE PHILOSOPHIE. L'ouverture de la bouche fait justement comme un petit rond qui représente un O.

MONSIEUR JOURDAIN. O, O, O. Vous avez raison. O. Ah ! la belle chose, que de savoir quelque chose !

MAÎTRE DE PHILOSOPHIE. La voix U se forme en rapprochant les dents sans les joindre entièrement, et allongeant les deux lèvres en dehors, les approchant aussi l'une de l'autre sans les rejoindre tout à fait : U.

MONSIEUR JOURDAIN. U, U. Il n'y a rien de plus véritable, U.

MAÎTRE DE PHILOSOPHIE. Vos deux lèvres s'allongent comme si vous faisiez la moue, d'où vient que, si vous la voulez faire à quelqu'un et vous moquer de lui, vous ne sauriez lui dire que U.

MONSIEUR JOURDAIN. U, U. Cela est vrai. Ah ! que n'ai-je étudié plus tôt, pour savoir tout cela !

MAÎTRE DE PHILOSOPHIE. Demain, nous verrons les autres lettres, qui sont les consonnes.

MONSIEUR JOURDAIN. Est-ce qu'il y a des choses aussi curieuses qu'à celles-ci ?

MAÎTRE DE PHILOSOPHIE. Sans doute. La consonne D, par exemple, se prononce en donnant du bout de la langue au-dessus des dents d'en haut : DA.

MONSIEUR JOURDAIN. DA, DA. Oui. Ah ! les belles choses ! les belles choses !

MAÎTRE DE PHILOSOPHIE. L'F, en appuyant les dents d'en haut sur la lèvre de dessous : FA.

MONSIEUR JOURDAIN. FA, FA. C'est la vérité. Ah ! mon père, et ma mère, que je vous veux de mal !

MAÎTRE DE PHILOSOPHIE. Et l'R, en portant le bout de la langue jusqu'au haut du palais ; de sorte, qu'étant frôlée par l'air qui sort avec force, elle lui cède et revient toujours au même endroit, faisant une manière de tremblement, R, RA.

MONSIEUR JOURDAIN. R, R, RA ; R, R, R, R, R, RA. Cela est vrai. Ah ! l'habile homme que vous êtes ! et que j'ai perdu de temps ! R, R, R, RA.

MAÎTRE DE PHILOSOPHIE. Je vous expliquerai à fond toutes ces curiosités.

MONSIEUR JOURDAIN. Je vous en prie. Au reste, il faut que je vous fasse une confidence. Je suis amoureux d'une personne de grande qualité, et je souhaiterais que vous m'aidassiez à lui écrire quelque chose dans un petit billet que je veux laisser tomber à ses pieds.

MAÎTRE DE PHILOSOPHIE. Fort bien.

MONSIEUR JOURDAIN. Cela sera galant, oui.

MAÎTRE DE PHILOSOPHIE. Sans doute. Sont-ce des vers que vous lui voulez écrire ?

MONSIEUR JOURDAIN. Non, non, point de vers.

MAÎTRE DE PHILOSOPHIE. Vous ne voulez que de la prose ?

MONSIEUR JOURDAIN. Non, je ne veux ni prose ni vers.

MAÎTRE DE PHILOSOPHIE. Il faut bien que ce soit l'un ou l'autre.

MONSIEUR JOURDAIN. Pourquoi ?

MAÎTRE DE PHILOSOPHIE. Par la raison, monsieur, qu'il n'y a pour s'exprimer que la prose ou les vers.

MONSIEUR JOURDAIN. Il n'y a que la prose ou les vers ?

MAÎTRE DE PHILOSOPHIE. Non, monsieur[1] : tout ce qui n'est point prose, est vers ; et tout ce qui n'est point vers est prose.

MONSIEUR JOURDAIN. Et comme l'on parle, qu'est-ce que c'est donc que cela ?

MAÎTRE DE PHILOSOPHIE. De la prose.

MONSIEUR JOURDAIN. Quoi ! quand je dis : « Nicole, apportez-moi mes pantoufles, et me donnez mon bonnet de nuit », c'est de la prose ?

MAÎTRE DE PHILOSOPHIE. Oui, monsieur.

MONSIEUR JOURDAIN. Par ma foi ! il y a plus de quarante ans que je dis de la prose sans que j'en susse rien ; et je vous suis le plus obligé du monde de m'avoir appris cela. Je voudrais donc lui mettre dans un billet : « Belle marquise, vos beaux yeux me font mourir d'amour », mais je voudrais que cela fût mis d'une manière galante, que cela fût tourné gentiment[2].

MAÎTRE DE PHILOSOPHIE. Mettre que les feux de ses yeux réduisent votre cœur en cendres ; que vous souffrez nuit et jour pour elle les violences d'un...

MONSIEUR JOURDAIN. Non, non, non, je ne veux point tout cela ; je ne veux que ce que je vous ai dit : « Belle marquise, vos beaux yeux me font mourir d'amour. »

MAÎTRE DE PHILOSOPHIE. Il faut bien étendre un peu la chose.

MONSIEUR JOURDAIN. Non, vous dis-je, je ne veux que ces seules paroles-là dans le billet, mais tournées à la mode, bien arrangées comme il faut. Je vous prie de me dire un peu, pour voir, les diverses manières dont on les peut mettre.

MAÎTRE DE PHILOSOPHIE. On les peut mettre premièrement comme vous avez dit : « Belle marquise, vos beaux yeux me font

---

1. **Non, Monsieur :** nous dirions plutôt : « Oui, Monsieur ».
2. **Gentiment :** joliment.

mourir d'amour. » Ou bien : « D'amour mourir me font, belle marquise, vos beaux yeux. » Ou bien : « Vos yeux beaux d'amour me font, belle marquise, mourir. » Ou bien : « Mourir vos beaux yeux, belle marquise, d'amour me font. » Ou bien : « Me font vos yeux beaux mourir, belle marquise, d'amour. »

MONSIEUR JOURDAIN. Mais de toutes ces façons-là, laquelle est la meilleure ?

MAÎTRE DE PHILOSOPHIE. Celle que vous avez dite : « Belle marquise, vos beaux yeux me font mourir d'amour. »

MONSIEUR JOURDAIN. Cependant je n'ai point étudié, et j'ai fait cela tout du premier coup. Je vous remercie de tout mon cœur, et vous prie de venir demain de bonne heure.

MAÎTRE DE PHILOSOPHIE. Je n'y manquerai pas. *(Il sort.)*

MONSIEUR JOURDAIN, *à son laquais.* Comment, mon habit n'est point encore arrivé ?

SECOND LAQUAIS. Non, monsieur.

MONSIEUR JOURDAIN. Ce maudit tailleur me fait bien attendre pour un jour où j'ai tant d'affaires ! J'enrage. Que la fièvre quartaine[1] puisse serrer bien fort le bourreau de tailleur ! Au diable le tailleur ! La peste étouffe le tailleur ! Si je le tenais maintenant, ce tailleur détestable, ce chien de tailleur-là, ce traître de tailleur, je...

Scène 5

MAÎTRE TAILLEUR, GARÇON TAILLEUR, *portant l'habit de M. Jourdain,* MONSIEUR JOURDAIN, LAQUAIS.

MONSIEUR JOURDAIN. Ah ! vous voilà. Je m'allais mettre en colère contre vous.

MAÎTRE TAILLEUR. Je n'ai pas pu venir plus tôt, et j'ai mis vingt garçons après votre habit.

---

1. **Fièvre quartaine :** fièvre qui revient tous les quatre jours.

MONSIEUR JOURDAIN. Vous m'avez envoyé des bas de soie si étroits que j'ai eu toutes les peines du monde à les mettre, et il y a déjà deux mailles de rompues.

MAÎTRE TAILLEUR. Ils ne s'élargiront que trop.

MONSIEUR JOURDAIN. Oui, si je romps toujours des mailles. Vous m'avez aussi fait faire des souliers qui me blessent furieusement[1].

MAÎTRE TAILLEUR. Point du tout, monsieur.

MONSIEUR JOURDAIN. Comment, point du tout ?

MAÎTRE TAILLEUR. Non, ils ne vous blessent point.

MONSIEUR JOURDAIN. Je vous dis qu'ils me blessent, moi.

MAÎTRE TAILLEUR. Vous vous imaginez cela.

MONSIEUR JOURDAIN. Je me l'imagine parce que je le sens. Voyez la belle raison !

MAÎTRE TAILLEUR. Tenez, voilà le plus bel habit de la cour, et le mieux assorti. C'est un chef-d'œuvre, que d'avoir inventé un habit sérieux qui ne fût pas noir ; et je le donne en six coups aux tailleurs les plus éclairés[2].

MONSIEUR JOURDAIN. Qu'est-ce que c'est que ceci ? Vous avez mis les fleurs en enbas[3].

MAÎTRE TAILLEUR. Vous ne m'aviez pas dit que vous les vouliez en enhaut.

MONSIEUR JOURDAIN. Est-ce qu'il faut dire cela ?

MAÎTRE TAILLEUR. Oui, vraiment. Toutes les personnes de qualité les portent de la sorte.

MONSIEUR JOURDAIN. Les personnes de qualité portent les fleurs en enbas ?

MAÎTRE TAILLEUR. Oui, monsieur.

MONSIEUR JOURDAIN. Oh ! voilà qui est donc bien.

---

1. **Furieusement :** fortement.
2. **Je le donne en six coups aux tailleurs les plus éclairés :** je défie les meilleurs tailleurs de parvenir à ce résultat même après six tentatives.
3. **En enbas :** la tête en bas, à l'envers.

Maître tailleur. Si vous voulez, je les mettrai en enhaut.

Monsieur Jourdain. Non, non.

Maître tailleur. Vous n'avez qu'à dire.

Monsieur Jourdain. Non, vous dis-je, vous avez bien fait. Croyez-vous que l'habit m'aille bien ?

Maître tailleur. Belle demande ! Je défie un peintre, avec son pinceau, de vous faire rien de plus juste. J'ai chez moi un garçon qui, pour monter une ringrave[1], est le plus grand génie du monde ; et un autre qui, pour assembler un pourpoint[2], est le héros de notre temps.

Monsieur Jourdain. La perruque et les plumes sont-elles comme il faut ?

Maître tailleur. Tout est bien.

Monsieur Jourdain, *en regardant l'habit du tailleur.* Ah ! ah ! monsieur le tailleur, voilà de mon étoffe du dernier habit que vous m'avez fait. Je la reconnais bien.

Maître tailleur. C'est que l'étoffe me sembla si belle que j'en ai voulu lever un habit[3] pour moi.

Monsieur Jourdain. Oui, mais il ne fallait pas le lever avec le mien[4].

Maître tailleur. Voulez-vous mettre votre habit ?

Monsieur Jourdain. Oui, donnez-le-moi.

Maître tailleur. Attendez. Cela ne va pas comme cela. J'ai amené des gens pour vous habiller en cadence, et ces sortes d'habits se mettent avec cérémonie. Holà ! entrez, vous autres. Mettez cet habit à monsieur de la manière que vous faites aux personnes de qualité.

(Quatre garçons tailleurs entrent, dont deux lui arrachent le haut-de-chausses de ses exercices, et deux autres la camisole, puis ils lui mettent

---

1. **Ringrave :** culotte de cheval très large.
2. **Pourpoint :** sorte de veste qui couvre le torse.
3. **J'en ai voulu lever un habit :** j'ai voulu y prendre l'étoffe pour un habit.
4. **Le lever avec le mien :** en prendre le tissu dans la pièce d'étoffe que j'ai achetée pour mon habit.

son habit neuf ; et M. Jourdain se promène entre eux et leur montre son habit, pour voir s'il est bien. Le tout à la cadence de toute la symphonie[1]*.)*

Garçon tailleur. Mon gentilhomme[2], donnez, s'il vous plaît, aux garçons quelque chose pour boire.

Monsieur Jourdain. Comment m'appelez-vous ?

Garçon tailleur. Mon gentilhomme.

Monsieur Jourdain. « Mon gentilhomme ! » Voilà ce que c'est de se mettre en personne de qualité ! Allez-vous-en demeurer toujours habillé en bourgeois, on ne vous dira point « Mon gentilhomme. » *(Donnant de l'argent.)* Tenez[3], voilà pour « Mon gentilhomme ».

Garçon tailleur. Monseigneur, nous vous sommes bien obligés[4].

Monsieur Jourdain. « Monseigneur[5] » ! oh ! oh ! « Monseigneur » ! Attendez, mon ami. « Monseigneur » mérite quelque chose, et ce n'est pas une petite parole que « Monseigneur ». Tenez, voilà ce que Monseigneur vous donne.

Garçon tailleur. Monseigneur, nous allons boire tous à la santé de Votre Grandeur[6].

Monsieur Jourdain. « Votre Grandeur ! » Oh ! oh ! oh ! Attendez, ne vous en allez pas. À moi « Votre Grandeur » ! *(Bas, à part.)* Ma foi, s'il va jusqu'à l'Altesse[7], il aura toute la bourse. *(Haut.)* Tenez, voilà pour ma Grandeur.

Garçon tailleur. Monseigneur, nous la remercions très humblement de ses libéralités[8].

Monsieur Jourdain. Il a bien fait, je lui allais tout donner.
(Les quatre garçons tailleurs se réjouissent par une danse qui fait le second intermède.)

---

1. **Symphonie :** concert d'instruments.
2. **Gentilhomme :** titre donné à un noble.
3. **Tenez :** M. Jourdain donne un pourboire au garçon tailleur.
4. **Obligés :** reconnaissants.
5. **Monseigneur :** titre donné aux nobles de haut rang.
6. **Votre Grandeur :** titre réservé aux évêques et aux plus grands seigneurs.
7. **Altesse :** titre donné aux princes et aux souverains.
8. **Libéralités :** manifestations de générosité.

Clefs d'analyse Acte II, scènes 3, 4 et 5

Action et personnages

1. M. Jourdain se comporte-t-il avec le maître de philosophie de la même manière qu'avec ses autres professeurs ? Pourquoi ?
2. Quels sont les enseignements du maître de philosophie ? Quelle est la réaction de M. Jourdain face à chacune de ces propositions ? Comment s'exprime-t-elle ?
3. Pourquoi M. Jourdain se met-il en colère contre le tailleur ? Comment réagit ce dernier ? En quoi fait-il preuve d'habileté ?
4. Pourquoi M. Jourdain est-il si avide d'acquérir des connaissances ? Pourquoi accorde-t-il tant d'importance aux vêtements ? En quoi son appétit de savoir est-il touchant ?
5. Par quel personnage M. Jourdain se révèle-t-il préoccupé ? Que savons-nous de ce personnage ?
6. Comment décririez-vous le caractère du maître tailleur (scène 5) ? Quels sont ses défauts et ses qualités ?

Langue

7. Cherchez le sens du mot « philosophe ». Comment caractériseriez-vous le langage du maître de philosophie ? Relevez les phrases interrogatives, les tournures généralisantes, mais aussi les mots superflus. À partir de quel moment le maître de philosophie change-t-il de langage ? Que peut en déduire le spectateur ? Quelle est l'image du philosophe que souhaite ainsi donner Molière ?
8. Scène 4, quels sont les adjectifs qualificatifs employés par M. Jourdain pour qualifier ses « découvertes » ? En quoi est-ce comique ?
9. Relevez les hyperboles employées par le maître tailleur.

Genre ou thèmes

10. Dans la scène 3, à quel moment la situation se renverse-t-elle ?
11. Comment s'organise la scène 4 ? Distinguez les différents mouvements qui s'y succèdent.

12. À quels moments rit-on dans la scène 3 ? Dans la scène 5 ? Pourquoi ? Aux dépens de qui ? Quels sont les divers types de comique dans les scènes 3, 4 et 5 ?

13. À la fin de ce deuxième acte, l'action est-elle véritablement engagée ? Quelles sont les informations importantes connues du spectateur ? En quoi l'acte II complète-t-il le premier acte (introduction de nouveaux personnages, compléments d'information, etc.) ? Comment Molière s'y prend-il pour éviter que le spectateur ne s'ennuie ?

Écriture

14. Racontez un épisode où, comme dans la scène 3, la dispute et la colère succèdent à la joie et à l'harmonie.

15. Après la violente dispute de la scène 3, M. Jourdain raconte à un ami ce qui vient de se passer ; rédigez son récit.

Pour aller plus loin

16. Quels sont les usages aristocratiques auxquels tente de se conformer M. Jourdain ? En quoi le mode de vie des nobles différait-il au XVIIe siècle de celui des bourgeois ? De quel phénomène social, très courant à l'époque de Molière, M. Jourdain est-il représentatif ?

* À retenir

À la fin de ce deuxième acte, l'action n'est pas encore véritablement amorcée. Cependant, l'importance du personnage de la marquise Dorimène se précise peu à peu, de même que se complètent à la fois le portrait du Bourgeois et la satire indirecte d'une aristocratie se définissant essentiellement par un savoir superficiel et par des occupations frivoles.

ACTE III

Scène 1 MONSIEUR JOURDAIN, DEUX LAQUAIS.

MONSIEUR JOURDAIN. Suivez-moi, que j'aille un peu montrer mon habit par la ville ; et surtout ayez soin tous deux de marcher immédiatement sur mes pas, afin qu'on voie bien que vous êtes à moi.

LAQUAIS. Oui, monsieur.

MONSIEUR JOURDAIN. Appelez-moi Nicole, que je lui donne quelques ordres. Ne bougez, la voilà.

Scène 2 NICOLE, MONSIEUR JOURDAIN, DEUX LAQUAIS.

MONSIEUR JOURDAIN. Nicole !

NICOLE. Plaît-il ?[1]

MONSIEUR JOURDAIN. Écoutez.

NICOLE, *rit.* Hi, hi, hi, hi, hi !

MONSIEUR JOURDAIN. Qu'as-tu à rire ?

NICOLE. Hi, hi, hi, hi, hi, hi !

MONSIEUR JOURDAIN. Que veut dire cette coquine-là ?

NICOLE. Hi, hi, hi ! Comme vous voilà bâti[2] ! Hi, hi, hi !

MONSIEUR JOURDAIN. Comment donc ?

---

1. **Plaît-il ? :** Que voulez-vous ?
2. **Bâti :** déguisé, accoutré.

NICOLE. Ah ! ah ! mon Dieu ! Hi, hi, hi, hi, hi !

MONSIEUR JOURDAIN. Quelle friponne est-ce là ? Te moques-tu de moi ?

NICOLE. Nenni[1], monsieur, j'en serais bien fâchée. Hi, hi, hi, hi, hi, hi !

MONSIEUR JOURDAIN. Je te baillerai[2] sur le nez, si tu ris davantage.

NICOLE. Monsieur, je ne puis pas m'en empêcher. Hi, hi, hi, hi, hi, hi !

MONSIEUR JOURDAIN. Tu ne t'arrêteras pas ?

NICOLE. Monsieur, je vous demande pardon ; mais vous êtes si plaisant que je ne saurais me tenir[3] de rire. Hi, hi, hi !

MONSIEUR JOURDAIN. Mais voyez quelle insolence !

NICOLE. Vous êtes tout à fait drôle comme cela. Hi, hi !

MONSIEUR JOURDAIN. Je te...

NICOLE. Je vous prie de m'excuser. Hi, hi, hi, hi !

MONSIEUR JOURDAIN. Tiens, si tu ris encore le moins du monde, je te jure que je t'appliquerai sur la joue le plus grand soufflet qui se soit jamais donné.

NICOLE. Hé bien, monsieur, voilà qui est fait, je ne rirai plus.

MONSIEUR JOURDAIN. Prends-y bien garde. Il faut que pour tantôt[4] tu nettoies...

NICOLE. Hi, hi !

MONSIEUR JOURDAIN. Que tu nettoies comme il faut...

NICOLE. Hi, hi !

MONSIEUR JOURDAIN. Il faut, dis-je, que tu nettoies la salle, et...

NICOLE. Hi, hi !

MONSIEUR JOURDAIN. Encore ?

---

1. **Nenni :** non.
2. **Baillerai :** donnerai.
3. **Me tenir :** me retenir.
4. **Tantôt :** tout à l'heure.

NICOLE, *tombant à force de rire.* Tenez, monsieur, battez-moi plutôt, et me laissez rire tout mon soûl, cela me fera plus de bien. Hi, hi, hi, hi, hi !

MONSIEUR JOURDAIN. J'enrage !

NICOLE. De grâce, monsieur, je vous prie de me laisser rire. Hi, hi, hi !

MONSIEUR JOURDAIN. Si je te prends...

NICOLE. Monsieur... eur, je crèverai... ai, si je ne ris. Hi, hi, hi !

MONSIEUR JOURDAIN. Mais a-t-on jamais vu une pendarde comme celle-là, qui me vient rire insolemment au nez, au lieu de recevoir mes ordres ?

NICOLE. Que voulez-vous que je fasse, monsieur ?

MONSIEUR JOURDAIN. Que tu songes, coquine, à préparer ma maison pour la compagnie[1] qui doit venir tantôt.

NICOLE, *se relevant.* Ah ! par ma foi, je n'ai plus envie de rire ; et toutes vos compagnies font tant de désordre céans, que ce mot est assez pour me mettre en mauvaise humeur.

MONSIEUR JOURDAIN. Ne dois-je point pour toi fermer ma porte à tout le monde ?

NICOLE. Vous devriez au moins la fermer à certaines gens.

Scène 3 MADAME JOURDAIN, MONSIEUR JOURDAIN, NICOLE, LAQUAIS.

MADAME JOURDAIN. Ah ! ah ! voici une nouvelle histoire. Qu'est-ce que c'est donc, mon mari, que cet équipage[2]-là ? Vous moquez-vous du monde, de vous être fait enharnacher[3] de la sorte ? et avez-vous envie qu'on se raille[4] partout de vous ?

---

1. **Compagnie :** assemblée d'amis.
2. **Équipage :** accoutrement.
3. **Enharnacher :** habiller d'une manière ridicule.
4. **Se raille :** se moque.

MONSIEUR JOURDAIN. Il n'y a que des sots et des sottes, ma femme, qui se railleront de moi.

MADAME JOURDAIN. Vraiment, on n'a pas attendu jusqu'à cette heure, et il y a longtemps que vos façons de faire donnent à rire à tout le monde.

MONSIEUR JOURDAIN. Qui est donc tout ce monde-là, s'il vous plaît ?

MADAME JOURDAIN. Tout ce monde-là est un monde qui a raison, et qui est plus sage que vous. Pour moi, je suis scandalisée de la vie que vous menez. Je ne sais plus ce que c'est que notre maison. On dirait qu'il est céans carême-prenant[1] tous les jours ; et dès le matin, de peur d'y manquer, on y entend des vacarmes de violons et de chanteurs dont tout le voisinage se trouve incommodé.

NICOLE. Madame parle bien. Je ne saurais plus voir mon ménage propre[2], avec cet attirail de gens que vous faites venir chez vous. Ils ont des pieds qui vont chercher de la boue dans tous les quartiers de la ville, pour l'apporter ici ; et la pauvre Françoise est presque sur les dents, à frotter les planchers que vos biaux[3] maîtres viennent crotter régulièrement tous les jours.

MONSIEUR JOURDAIN. Ouais[4], notre servante Nicole, vous avez le caquet bien affilé[5] pour une paysanne.

MADAME JOURDAIN. Nicole a raison, et son sens[6] est meilleur que le vôtre. Je voudrais bien savoir ce que vous pensez faire d'un maître à danser à l'âge que vous avez.

NICOLE. Et d'un grand maître tireur d'armes qui vient, avec ses battements de pied, ébranler toute la maison, et nous déraciner tous les carriaux de notre salle.

---

1. **Carême-prenant :** mardi-gras (jour marquant le début du Carême et pendant lequel on se déguise).
2. **Je ne saurais plus voir mon ménage propre :** je ne peux plus tenir ma maison propre.
3. **Biaux :** déformation populaire du mot « beaux ».
4. **Ouais :** interjection marquant la surprise, sans nuance de familiarité.
5. **Le caquet bien affilé :** la langue bien pendue.
6. **Sens :** bon sens, jugement.

Monsieur Jourdain. Taisez-vous, ma servante, et ma femme.

Madame Jourdain. Est-ce que vous voulez apprendre à danser pour quand vous n'aurez plus de jambes ?

Nicole. Est-ce que vous avez envie de tuer quelqu'un ?

Monsieur Jourdain. Taisez-vous, vous dis-je ; vous êtes des ignorantes l'une et l'autre, et vous ne savez pas les prérogatives[1] de tout cela.

Madame Jourdain. Vous devriez bien plutôt songer à marier votre fille, qui est en âge d'être pourvue[2].

Monsieur Jourdain. Je songerai à marier ma fille quand il se présentera un parti pour elle ; mais je veux songer aussi à apprendre les belles choses.

Nicole. J'ai encore ouï dire, madame, qu'il a pris aujourd'hui, pour renfort de potage[3], un maître de philosophie.

Monsieur Jourdain. Fort bien. Je veux avoir de l'esprit, et savoir raisonner des choses parmi les honnêtes gens.

Madame Jourdain. N'irez-vous point l'un de ces jours au collège vous faire donner le fouet, à votre âge ?

Monsieur Jourdain. Pourquoi non ? Plût à Dieu l'avoir tout à l'heure[4], le fouet, devant tout le monde, et savoir ce qu'on apprend au collège.

Nicole. Oui, ma foi, cela vous rendrait la jambe bien mieux faite[5].

Monsieur Jourdain. Sans doute[6].

Madame Jourdain. Tout cela est fort nécessaire pour conduire votre maison.

Monsieur Jourdain. Assurément. Vous parlez toutes deux comme des bêtes, et j'ai honte de votre ignorance. *(À Madame*

---

1. **Prérogatives :** avantages.
2. **Pourvue :** mariée.
3. **Pour renfort de potage :** pour couronner le tout.
4. **Tout à l'heure :** tout de suite.
5. **Cela vous rendrait la jambe bien mieux faite :** « cela vous ferait une belle jambe » (familier).
6. **Sans doute :** sans aucun doute.

Jourdain.) Par exemple, savez-vous, vous, ce que c'est que vous dites à cette heure ?

MADAME JOURDAIN. Oui, je sais que ce que je dis est fort bien dit et que vous devriez songer à vivre d'autre sorte.

MONSIEUR JOURDAIN. Je ne parle pas de cela. Je vous demande ce que c'est que les paroles que vous dites ici.

MADAME JOURDAIN. Ce sont des paroles bien sensées, et votre conduite ne l'est guère.

MONSIEUR JOURDAIN. Je ne parle pas de cela, vous dis-je. Je vous demande, ce que je parle avec vous, ce que je vous dis à cette heure, qu'est-ce que c'est ?

MADAME JOURDAIN. Des chansons[1].

MONSIEUR JOURDAIN. Hé non, ce n'est pas cela. Ce que nous disons tous deux, le langage que nous parlons à cette heure ?

MADAME JOURDAIN. Hé bien ?

MONSIEUR JOURDAIN. Comment est-ce que cela s'appelle ?

MADAME JOURDAIN. Cela s'appelle comme on veut l'appeler.

MONSIEUR JOURDAIN. C'est de la prose, ignorante.

MADAME JOURDAIN. De la prose ?

MONSIEUR JOURDAIN. Oui, de la prose. Tout ce qui est prose n'est point vers ; et tout ce qui n'est point vers n'est point prose. Heu ! voilà ce que c'est d'étudier. *(À Nicole.)* Et toi, sais-tu bien comme il faut faire pour dire un U ?

NICOLE. Comment ?

MONSIEUR JOURDAIN. Oui. Qu'est-ce que tu fais quand tu dis un U ?

NICOLE. Quoi ?

MONSIEUR JOURDAIN. Dis un peu U, pour voir.

NICOLE. Hé bien, U.

MONSIEUR JOURDAIN. Qu'est-ce que tu fais ?

NICOLE. Je dis U.

---

1. **Des chansons :** des sottises.

MONSIEUR JOURDAIN. Oui ; mais, quand tu dis U, qu'est-ce que tu fais ?

NICOLE. Je fais ce que vous me dites.

MONSIEUR JOURDAIN. Ô l'étrange chose que d'avoir affaire à des bêtes ! Tu allonges les lèvres en dehors, et approches la mâchoire d'en haut de celle d'en bas : U, vois-tu ? U, vois-tu ? U. Je fais la moue : U.

NICOLE. Oui, cela est biau.

MADAME JOURDAIN. Voilà qui est admirable.

MONSIEUR JOURDAIN. C'est bien autre chose, si vous aviez vu O, et DA, DA, et FA, FA.

MADAME JOURDAIN. Qu'est-ce que c'est donc que tout ce galimatias[1]-là ?

NICOLE. De quoi est-ce que tout cela guérit ?

MONSIEUR JOURDAIN. J'enrage quand je vois des femmes ignorantes.

MADAME JOURDAIN. Allez, vous devriez envoyer promener tous ces gens-là, avec leurs fariboles[2].

NICOLE. Et surtout ce grand escogriffe[3] de maître d'armes, qui remplit de poudre[4] tout mon ménage.

MONSIEUR JOURDAIN. Ouais ! ce maître d'armes vous tient bien au cœur. Je te veux faire voir ton impertinence tout à l'heure. *(Il fait apporter les fleurets et en donne un à Nicole.)* Tiens. Raison démonstrative. La ligne du corps. Quand on pousse en quarte, on n'a qu'à faire cela ; et quand on pousse en tierce, on n'a qu'à faire cela. Voilà le moyen de n'être jamais tué ; et cela n'est-il pas beau d'être assuré de son fait, quand on se bat contre quelqu'un ? Là, pousse-moi un peu pour voir.

NICOLE. Hé bien, quoi ? *(Nicole lui pousse plusieurs coups.)*

---

1. **Galimatias :** discours confus.
2. **Fariboles :** histoires frivoles et mensongères.
3. **Escogriffe :** homme ridiculement grand et maigre.
4. **Poudre :** poussière.

Monsieur Jourdain. Tout beau ! Holà ! oh ! doucement ! Diantre soit la coquine !

Nicole. Vous me dites de pousser.

Monsieur Jourdain. Oui ; mais tu me pousses en tierce avant que de pousser en quarte, et tu n'as pas la patience que je pare.

Madame Jourdain. Vous êtes fou, mon mari, avec toutes vos fantaisies, et cela vous est venu depuis que vous vous mêlez de hanter la noblesse.

Monsieur Jourdain. Lorsque je hante la noblesse, je fais paraître mon jugement ; et cela est plus beau que de hanter votre bourgeoisie.

Madame Jourdain. Çamon[1] vraiment ! Il y a fort à gagner à fréquenter vos nobles, et vous avez bien opéré[2] avec ce beau monsieur le comte dont vous vous êtes embéguiné[3]...

Monsieur Jourdain. Paix ! Songez à ce que vous dites. Savez-vous bien, ma femme, que vous ne savez pas de qui vous parlez, quand vous parlez de lui ? C'est une personne d'importance plus que vous ne pensez ; un seigneur que l'on considère à la cour, et qui parle au roi tout comme je vous parle. N'est-ce pas une chose qui m'est tout à fait honorable que l'on voie venir chez moi si souvent une personne de cette qualité qui m'appelle son cher ami et me traite comme si j'étais son égal ? Il a pour moi des bontés qu'on ne devinerait jamais ; et, devant tout le monde, il me fait des caresses[4] dont je suis moi-même confus.

Madame Jourdain. Oui, il a des bontés pour vous et vous fait des caresses, mais il vous emprunte votre argent.

Monsieur Jourdain. Hé bien ! ne m'est-ce pas de l'honneur, de prêter de l'argent à un homme de cette condition-là ? Et puis-je faire moins pour un seigneur qui m'appelle son cher ami ?

Madame Jourdain. Et ce seigneur, que fait-il pour vous ?

---

1. **Çamon :** oui, c'est sûr (populaire).
2. **Vous avez bien opéré :** vous avez bien réussi.
3. **Embéguiné :** entiché.
4. **Caresses :** démonstrations d'amitié.

MONSIEUR JOURDAIN. Des choses dont on serait étonné, si on les savait.

MADAME JOURDAIN. Et quoi ?

MONSIEUR JOURDAIN. Baste ![1] je ne puis pas m'expliquer. Il suffit que, si je lui ai prêté de l'argent, il me le rendra bien, et avant qu'il soit peu.

MADAME JOURDAIN. Oui. Attendez-vous à cela.

MONSIEUR JOURDAIN. Assurément. Ne me l'a-t-il pas dit ?

MADAME JOURDAIN. Oui, oui, il ne manquera pas d'y faillir[2].

MONSIEUR JOURDAIN. Il m'a juré sa foi de gentilhomme.

MADAME JOURDAIN. Chansons !

MONSIEUR JOURDAIN. Ouais ! vous êtes bien obstinée, ma femme ; je vous dis qu'il me tiendra parole, j'en suis sûr.

MADAME JOURDAIN. Et moi, je suis sûre que non, et que toutes les caresses qu'il vous fait ne sont que pour vous enjôler[3].

MONSIEUR JOURDAIN. Taisez-vous. Le voici.

MADAME JOURDAIN. Il ne nous faut plus que cela. Il vient peut-être encore vous faire quelque emprunt ; et il me semble que j'ai dîné[4], quand je le vois.

MONSIEUR JOURDAIN. Taisez-vous, vous dis-je.

Scène 4 DORANTE, MONSIEUR JOURDAIN, MADAME JOURDAIN, NICOLE.

DORANTE. Mon cher ami, Monsieur Jourdain, comment vous portez-vous ?

---

1. **Baste ! :** cela suffit !
2. **Faillir :** manquer, ne pas tenir ses engagements.
3. **Enjôler :** tromper par de belles paroles.
4. **Il me semble que j'ai dîné :** cela me coupe l'appétit.

MONSIEUR JOURDAIN. Fort bien, monsieur, pour vous rendre mes petits services.

DORANTE. Et Madame Jourdain que voilà, comment se porte-t-elle ?

MADAME JOURDAIN. Madame Jourdain se porte comme elle peut.

DORANTE. Comment ! Monsieur Jourdain, vous voilà le plus propre[1] du monde !

MONSIEUR JOURDAIN. Vous voyez.

DORANTE. Vous avez tout à fait bon air avec cet habit, et nous n'avons point de jeunes gens à la cour qui soient mieux faits que vous.

MONSIEUR JOURDAIN. Hay ! hay !

MADAME JOURDAIN, *à part.* Il le gratte par où il se démange[2].

DORANTE. Tournez-vous. Cela est tout à fait galant.

MADAME JOURDAIN, *à part.* Oui, aussi sot par derrière que par devant.

DORANTE. Ma foi, Monsieur Jourdain, j'avais une impatience étrange[3] de vous voir. Vous êtes l'homme du monde que j'estime le plus, et je parlais de vous encore ce matin dans la chambre du roi.

MONSIEUR JOURDAIN. Vous me faites beaucoup d'honneur, monsieur. *(À Madame Jourdain.)* Dans la chambre du roi !

DORANTE. Allons, mettez[4]...

MONSIEUR JOURDAIN. Monsieur, je sais le respect que je vous dois.

DORANTE. Mon Dieu, mettez ; point de cérémonie entre nous, je vous prie.

MONSIEUR JOURDAIN. Monsieur...

DORANTE. Mettez, vous dis-je, Monsieur Jourdain, vous êtes mon ami.

---

1. **Propre :** élégant, bien habillé.
2. **Il le gratte par où il se démange :** il le prend par.
3. **Étrange :** extraordinaire, très forte.
4. **Mettez :** mettez votre chapeau (qu'on a enlevé le temps de saluer).

MONSIEUR JOURDAIN. Monsieur, je suis votre serviteur.

DORANTE. Je ne me couvrirai point, si vous ne vous couvrez.

MONSIEUR JOURDAIN, *se couvrant.* J'aime mieux être incivil qu'importun.

DORANTE. Je suis votre débiteur[1], comme vous le savez.

MADAME JOURDAIN, *à part.* Oui, nous ne le savons que trop.

DORANTE. Vous m'avez généreusement prêté de l'argent en plusieurs occasions, et vous m'avez obligé de la meilleure grâce du monde, assurément.

MONSIEUR JOURDAIN. Monsieur, vous vous moquez.

DORANTE. Mais je sais rendre ce qu'on me prête, et reconnaître les plaisirs qu'on me fait.

MONSIEUR JOURDAIN. Je n'en doute point, monsieur.

DORANTE. Je veux sortir d'affaire avec vous, et je viens ici pour faire nos comptes ensemble.

MONSIEUR JOURDAIN, *bas, à Madame Jourdain.* Hé bien ! vous voyez votre impertinence, ma femme.

DORANTE. Je suis homme qui aime à m'acquitter[2] le plus tôt que je puis.

MONSIEUR JOURDAIN, *bas, à Madame Jourdain.* Je vous le disais bien.

DORANTE. Voyons un peu ce que je vous dois.

MONSIEUR JOURDAIN, *bas, à Madame Jourdain.* Vous voilà, avec vos soupçons ridicules.

DORANTE. Vous souvenez-vous bien de tout l'argent que vous m'avez prêté ?

MONSIEUR JOURDAIN. Je crois que oui. J'en ai fait un petit mémoire. Le voici. Donné à vous une fois deux cents louis[3].

DORANTE. Cela est vrai.

---

1. **Débiteur :** celui qui doit de l'argent.
2. **M'acquitter :** régler mes dettes.
3. **Louis :** pièce de monnaie en or de valeur très importante.

MONSIEUR JOURDAIN. Une autre fois, six-vingts[1].

DORANTE. Oui.

MONSIEUR JOURDAIN. Et une autre fois, cent quarante.

DORANTE. Vous avez raison.

MONSIEUR JOURDAIN. Ces trois articles font quatre cent soixante louis, qui valent cinq mille soixante livres.

DORANTE. Le compte est fort bon. Cinq mille soixante livres.

MONSIEUR JOURDAIN. Mille huit cent trente-deux livres à votre plumassier[2].

DORANTE. Justement.

MONSIEUR JOURDAIN. Deux mille sept cent quatre-vingts livres à votre tailleur.

DORANTE. Il est vrai.

MONSIEUR JOURDAIN. Quatre mille trois cent septante-neuf livres douze sols huit deniers[3] à votre marchand.

DORANTE. Fort bien. Douze sols huit deniers ; le compte est juste.

MONSIEUR JOURDAIN. Et mille sept cent quarante-huit livres sept sols quatre deniers à votre sellier[4].

DORANTE. Tout cela est véritable. Qu'est-ce que cela fait ?

MONSIEUR JOURDAIN. Somme totale, quinze mille huit cents livres.

DORANTE. Somme totale est juste : quinze mille huit cents livres. Mettez encore deux cents pistoles[5] que vous m'allez donner, cela fera justement dix-huit mille francs, que je vous payerai au premier jour.

MADAME JOURDAIN, *bas, à Monsieur Jourdain.* Hé bien, ne l'avais-je pas bien deviné ?

MONSIEUR JOURDAIN, *bas, à Madame Jourdain.* Paix !

---

1. **Six-vingts :** cent vingt (six fois vingt).
2. **Plumassier :** marchand de plumes destinées à orner les chapeaux.
3. **Un denier :** pièce de monnaie de faible valeur.
4. **Sellier :** artisan fabriquant des objets en cuir.
5. **Pistoles :** pièces d'or espagnoles, aussi précieuses que des louis.

DORANTE. Cela vous incommodera-t-il, de me donner ce que je vous dis ?

MONSIEUR JOURDAIN. Eh, non !

MADAME JOURDAIN, *bas, à Monsieur Jourdain.* Cet homme-là fait de vous une vache à lait.

MONSIEUR JOURDAIN, *bas, à Madame Jourdain.* Taisez-vous !

DORANTE. Si cela vous incommode, j'en irai chercher ailleurs.

MONSIEUR JOURDAIN. Non, Monsieur.

MADAME JOURDAIN, *bas, à Monsieur Jourdain.* Il ne sera pas content qu'il ne vous ait ruiné.

MONSIEUR JOURDAIN, *bas, à Madame Jourdain.* Taisez-vous, vous dis-je.

DORANTE. Vous n'avez qu'à me dire si cela vous embarrasse.

MONSIEUR JOURDAIN. Point, monsieur.

MADAME JOURDAIN, *bas, à Monsieur Jourdain.* C'est un vrai enjôleux[1].

MONSIEUR JOURDAIN, *bas, à Madame Jourdain.* Taisez-vous donc.

MADAME JOURDAIN, *bas, à Monsieur Jourdain.* Il vous sucera jusqu'au dernier sou.

MONSIEUR JOURDAIN, *bas, à Madame Jourdain.* Vous tairez-vous ?

DORANTE. J'ai force gens[2] qui m'en prêteraient avec joie ; mais, comme vous êtes mon meilleur ami, j'ai cru que je vous ferais tort si j'en demandais à quelque autre.

MONSIEUR JOURDAIN. C'est trop d'honneur, monsieur, que vous me faites. Je vais quérir[3] votre affaire.

MADAME JOURDAIN, *bas, à Monsieur Jourdain.* Quoi ! vous allez encore lui donner cela ?

---

1. **Enjôleux :** enjôleur, qui trompe en flattant.
2. **Force gens :** bien des gens.
3. **Quérir :** chercher.

MONSIEUR JOURDAIN, *bas, à Madame Jourdain.* Que faire ? Voulez-vous que je refuse un homme de cette condition-là, qui a parlé de moi ce matin dans la chambre du roi ?

MADAME JOURDAIN, *bas, à Monsieur Jourdain.* Allez, vous êtes une vraie dupe[1].

Scène 5 DORANTE, MADAME JOURDAIN, NICOLE.

DORANTE. Vous me semblez toute mélancolique[2]. Qu'avez-vous, Madame Jourdain ?

MADAME JOURDAIN. J'ai la tête plus grosse que le poing, et si[3] elle n'est pas enflée.

DORANTE. Mademoiselle votre fille, où est-elle, que je ne la vois point ?

MADAME JOURDAIN. Mademoiselle ma fille est bien où elle est.

DORANTE. Comment se porte-t-elle ?

MADAME JOURDAIN. Elle se porte sur ses deux jambes.

DORANTE. Ne voulez-vous point un de ces jours venir voir avec elle le ballet et la comédie que l'on fait[4] chez le roi ?

MADAME JOURDAIN. Oui vraiment, nous avons fort envie de rire, fort envie de rire nous avons.

DORANTE. Je pense, Madame Jourdain, que vous avez eu bien des amants[5] dans votre jeune âge, belle et d'agréable humeur comme vous étiez.

---

1. **Dupe :** personne facile à tromper.
2. **Mélancolique :** d'humeur sombre.
3. **Et si :** et pourtant.
4. **Fait :** joue.
5. **Amants :** amoureux, soupirants.

MADAME JOURDAIN. Trédame ![1] monsieur, est-ce que madame Jourdain est décrépite[2], et la tête lui grouille[3]-t-elle déjà ?

DORANTE. Ah ! ma foi, Madame Jourdain, je vous demande pardon. Je ne songeais pas que vous êtes jeune, et je rêve[4] le plus souvent. Je vous prie d'excuser mon impertinence.

Scène 6 MONSIEUR JOURDAIN, MADAME JOURDAIN, DORANTE, NICOLE.

MONSIEUR JOURDAIN. Voilà deux cents louis bien comptés.

DORANTE. Je vous assure, Monsieur Jourdain, que je suis tout à vous, et que je brûle de vous rendre un service à la cour.

MONSIEUR JOURDAIN. Je vous suis trop obligé.

DORANTE. Si madame Jourdain veut voir le divertissement royal[5], je lui ferai donner les meilleures places de la salle.

MADAME JOURDAIN. Madame Jourdain vous baise les mains[6].

DORANTE, *bas à M. Jourdain.* Notre belle marquise, comme je vous ai mandé[7] par mon billet, viendra tantôt ici pour le ballet et le repas ; je l'ai fait consentir enfin au cadeau[8] que vous lui voulez donner.

1. **Tredame ! :** par Notre-Dame (interjection populaire).
2. **Décrépite :** usée, vieille.
3. **Grouille :** tremble, remue.
4. **Je rêve :** je suis distrait.
5. **Divertissement royal :** spectacle comportant des chants et des danses tel qu'on en donnait à la cour.
6. **Madame Jourdain vous baise les mains :** Madame Jourdain vous salue (formule de politesse utilisée pour prendre congé et utilisée ici dans un sens ironique).
7. **Mandé :** informé, fait savoir.
8. **Cadeau :** divertissement offert à des dames.

MONSIEUR JOURDAIN. Tirons-nous[1] un peu plus loin, pour cause[2].

DORANTE. Il y a huit jours que je ne vous ai vu, et je ne vous ai point mandé de nouvelles du diamant que vous me mîtes entre les mains pour lui en faire présent de votre part ; mais c'est que j'ai eu toutes les peines du monde à vaincre son scrupule, et ce n'est que d'aujourd'hui qu'elle s'est résolue à l'accepter.

MONSIEUR JOURDAIN. Comment l'a-t-elle trouvé ?

DORANTE. Merveilleux ; et je me trompe fort, ou la beauté de ce diamant fera pour vous sur son esprit un effet admirable.

MONSIEUR JOURDAIN. Plût au Ciel !

MADAME JOURDAIN, *à Nicole.* Quand il est une fois avec lui, il ne peut le quitter.

DORANTE. Je lui ai fait valoir comme il faut la richesse de ce présent et la grandeur de votre amour.

MONSIEUR JOURDAIN. Ce sont, monsieur, des bontés qui m'accablent ; et je suis dans une confusion la plus grande du monde, de voir une personne de votre qualité[3] s'abaisser pour moi à ce que vous faites.

DORANTE. Vous moquez-vous ? Est-ce qu'entre amis on s'arrête à ces sortes de scrupules ? et ne feriez-vous pas pour moi la même chose, si l'occasion s'en offrait ?

MONSIEUR JOURDAIN. Ho ! assurément, et de très grand cœur.

MADAME JOURDAIN, *à Nicole.* Que sa présence me pèse sur les épaules !

DORANTE. Pour moi, je ne regarde rien, quand il faut servir un ami ; et, lorsque vous me fîtes confidence de l'ardeur que vous aviez prise pour cette marquise agréable chez qui j'avais commerce[4], vous vîtes que d'abord je m'offris de moi-même à servir votre amour.

---

1. **Tirons-nous :** retirons-nous (sans nuance de familiarité au XVIIe siècle).
2. **Pour cause :** à cause de la présence de mon épouse et de Nicole.
3. **Une personne de votre qualité :** une personne de votre rang, c'est-à-dire une personne noble de naissance.
4. **J'avais commerce :** j'avais des relations.

MONSIEUR JOURDAIN. Il est vrai, ce sont des bontés qui me confondent.

MADAME JOURDAIN, *à Nicole.* Est-ce qu'il ne s'en ira point ?

NICOLE. Ils se trouvent bien ensemble.

DORANTE. Vous avez pris le bon biais[1] pour toucher son cœur. Les femmes aiment surtout les dépenses qu'on fait pour elles ; et vos fréquentes sérénades, et vos bouquets continuels, ce superbe feu d'artifice qu'elle trouva sur l'eau, le diamant qu'elle a reçu de votre part, et le cadeau que vous lui préparez, tout cela lui parle bien mieux en faveur de votre amour, que toutes les paroles que vous auriez pu lui dire vous-même.

MONSIEUR JOURDAIN. Il n'y a point de dépenses que je ne fisse, si par là je pouvais trouver le chemin de son cœur. Une femme de qualité a pour moi des charmes ravissants, et c'est un honneur que j'achèterais au prix de toute chose.

MADAME JOURDAIN, *à Nicole.* Que peuvent-ils tant dire ensemble ? Va-t'en un peu tout doucement prêter l'oreille.

DORANTE. Ce sera tantôt que vous jouirez à votre aise du plaisir de sa vue, et vos yeux auront tout le temps de se satisfaire.

MONSIEUR JOURDAIN. Pour être en pleine liberté, j'ai fait en sorte que ma femme ira dîner chez ma sœur, où elle passera toute l'après-dînée.

DORANTE. Vous avez fait prudemment, et votre femme aurait pu nous embarrasser. J'ai donné pour vous l'ordre qu'il faut au cuisinier, et à toutes les choses[2] qui sont nécessaires pour le ballet. Il est de mon invention, et, pourvu que l'exécution puisse répondre à l'idée, je suis sûr qu'il sera trouvé...

MONSIEUR JOURDAIN, *s'aperçoit que Nicole écoute, et lui donne un soufflet.* Ouais ! vous êtes bien impertinente ! *(À Dorante.)* Sortons, s'il vous plaît.

---

1. **Biais :** moyen.
2. **À toutes les choses :** et pour toutes les choses.

Scène 7 MADAME JOURDAIN, NICOLE.

NICOLE. Ma foi, madame, la curiosité m'a coûté quelque chose ; mais je crois qu'il y a quelque anguille sous roche, et ils parlent de quelque affaire où ils ne veulent pas que vous soyez.

MADAME JOURDAIN. Ce n'est pas d'aujourd'hui, Nicole, que j'ai conçu des soupçons de mon mari. Je suis la plus trompée du monde[1], ou il y a quelque amour en campagne[2], et je travaille à découvrir ce que ce peut être. Mais songeons à ma fille. Tu sais l'amour que Cléonte a pour elle. C'est un homme qui me revient[3], et je veux aider sa recherche[4], et lui donner Lucile, si je puis.

NICOLE. En vérité, madame, je suis la plus ravie du monde, de vous voir dans ces sentiments ; car, si le maître vous revient, le valet ne me revient pas moins, et je souhaiterais que notre mariage se pût faire à l'ombre du leur.

MADAME JOURDAIN. Va-t'en lui en parler de ma part, et lui dire que tout à l'heure il me vienne trouver pour faire ensemble à mon mari la demande de ma fille.

NICOLE. J'y cours, madame, avec joie, et je ne pouvais recevoir une commission plus agréable. *(Seule.)* Je vais, je pense, bien réjouir[5] les gens.

Scène 8 CLÉONTE, COVIELLE, NICOLE.

NICOLE, *à Cléonte.* Ah ! vous voilà tout à propos. Je suis une ambassadrice de joie, et je viens...

---

1. **La plus trompée du monde :** celle qui comprend le moins ce qui se passe.
2. **En campagne :** en route.
3. **Me revient :** me plaît.
4. **Recherche :** pour un homme, la cour qu'il fait à une femme.
5. **Réjouir :** donner de la joie.

CLÉONTE. Retire-toi, perfide, et ne me viens point amuser avec tes traîtresses paroles.

NICOLE. Est-ce ainsi que vous recevez...

CLÉONTE. Retire-toi, te dis-je, et va-t'en dire de ce pas à ton infidèle maîtresse qu'elle n'abusera de sa vie le trop simple Cléonte.

NICOLE. Quel vertigo[1] est-ce donc là ? Mon pauvre Covielle, dis-moi un peu ce que cela veut dire.

COVIELLE. Ton pauvre Covielle, petite scélérate ! Allons vite, ôte-toi de mes yeux, vilaine, et me laisse en repos.

NICOLE. Quoi ! tu me viens aussi...

COVIELLE. Ôte-toi de mes yeux, te dis-je, et ne me parle de ta vie.

NICOLE, *à part.* Ouais ![2] Quelle mouche les a piqués tous deux ? Allons de cette belle histoire informer ma maîtresse.

Scène 9 CLÉONTE, COVIELLE.

CLÉONTE. Quoi ! traiter un amant[3] de la sorte, et un amant le plus fidèle, et le plus passionné de tous les amants ?

COVIELLE. C'est une chose épouvantable que ce qu'on nous fait à tous deux.

CLÉONTE. Je fais voir pour une personne toute l'ardeur, et toute la tendresse qu'on peut imaginer ; je n'aime rien au monde qu'elle, et je n'ai qu'elle dans l'esprit ; elle fait tous mes soins, tous mes désirs, toute ma joie ; je ne parle que d'elle, je ne pense qu'à elle, je ne fais des songes que d'elle, je ne respire que par elle, mon cœur vit

---

1. **Vertigo :** caprice.
2. **Ouais ! :** marque la surprise, mais sans nuance de familiarité.
3. **Amant :** amoureux, soupirant.

tout en elle : et voilà de tant d'amitié[1] la digne récompense ! Je suis deux jours sans la voir, qui sont pour moi deux siècles effroyables ; je la rencontre par hasard ; mon cœur à cette vue se sent tout transporté, ma joie éclate sur mon visage ; je vole avec ravissement vers elle ; et l'infidèle détourne de moi ses regards, et passe brusquement comme si de sa vie elle ne m'avait vu !

COVIELLE. Je dis les mêmes choses que vous.

CLÉONTE. Peut-on rien voir d'égal, Covielle, à cette perfidie de l'ingrate Lucile ?

COVIELLE. Et à celle, monsieur, de la pendarde[2] de Nicole ?

CLÉONTE. Après tant de sacrifices ardents, de soupirs et de vœux que j'ai faits à ses charmes !

COVIELLE. Après tant d'assidus hommages, de soins et de services que je lui ai rendus dans sa cuisine !

CLÉONTE. Tant de larmes que j'ai versées à ses genoux !

COVIELLE. Tant de seaux d'eau que j'ai tirés au puits pour elle !

CLÉONTE. Tant d'ardeur que j'ai fait paraître à la chérir plus que moi-même !

COVIELLE. Tant de chaleur que j'ai soufferte à tourner la broche à sa place !

CLÉONTE. Elle me fuit avec mépris !

COVIELLE. Elle me tourne le dos avec effronterie !

CLÉONTE. C'est une perfidie digne des plus grands châtiments.

COVIELLE. C'est une trahison à mériter mille soufflets.

CLÉONTE. Ne t'avise point, je te prie, de me parler jamais pour elle.

COVIELLE. Moi, monsieur ? Dieu m'en garde !

CLÉONTE. Ne viens point m'excuser l'action de cette infidèle.

COVIELLE. N'ayez pas peur.

CLÉONTE. Non, vois-tu, tous tes discours pour la défendre ne serviront de rien.

---

1. **Amitié :** amour, affection.
2. **Pendarde :** coquine.

COVIELLE. Qui songe à cela ?

CLÉONTE. Je veux contre elle conserver mon ressentiment et rompre ensemble tout commerce[1].

COVIELLE. J'y consens.

CLÉONTE. Ce monsieur le Comte qui va chez elle, lui donne peut-être dans la vue ; et son esprit, je le vois bien, se laisse éblouir à la qualité[2]. Mais il me faut, pour mon honneur, prévenir l'éclat[3] de son inconstance. Je veux faire autant de pas qu'elle au changement où je la vois courir, et ne lui laisser pas toute la gloire de me quitter.

COVIELLE. C'est fort bien dit, et j'entre pour mon compte dans tous vos sentiments.

CLÉONTE. Donne la main à[4] mon dépit, et soutiens ma résolution contre tous les restes d'amour qui me pourraient parler pour elle. Dis-m'en, je t'en conjure, tout le mal que tu pourras. Fais-moi de sa personne une peinture qui me la rende méprisable ; et marque-moi bien, pour m'en dégoûter, tous les défauts que tu peux voir en elle.

COVIELLE. Elle, monsieur ? Voilà une belle mijaurée[5], une pimpesouée[6] bien bâtie, pour vous donner tant d'amour ! Je ne lui vois rien que de très médiocre, et vous trouverez cent personnes qui seront plus dignes de vous. Premièrement, elle a les yeux petits.

CLÉONTE. Cela est vrai, elle a les yeux petits ; mais elle les a pleins de feux, les plus brillants, les plus perçants du monde, les plus touchants qu'on puisse voir.

COVIELLE. Elle a la bouche grande.

CLÉONTE. Oui ; mais on y voit des grâces qu'on ne voit point aux autres bouches ; et cette bouche, en la voyant, inspire des désirs, est la plus attrayante, la plus amoureuse du monde.

---

1. **Commerce :** relation.
2. **À la qualité :** en raison de sa noblesse.
3. **Prévenir l'éclat :** empêcher le scandale.
4. **Donne la main à :** aide.
5. **Mijaurée :** femme ridiculement prétentieuse et maniérée.
6. **Pimpesouée :** femme très coquette, pleine de petites manières ridicules.

COVIELLE. Pour sa taille, elle n'est pas grande.

CLÉONTE. Non ; mais elle est aisée, et bien prise.

COVIELLE. Elle affecte une nonchalance dans son parler, et dans ses actions.

CLÉONTE. Il est vrai ; mais elle a grâce à tout cela, et ses manières sont engageantes, ont je ne sais quel charme à s'insinuer dans les cœurs.

COVIELLE. Pour de l'esprit...

CLÉONTE. Ah ! elle en a, Covielle, du plus fin, du plus délicat.

COVIELLE. Sa conversation...

CLÉONTE. Sa conversation est charmante.

COVIELLE. Elle est toujours sérieuse...

CLÉONTE. Veux-tu de ces enjouements[1] épanouis, de ces joies toujours ouvertes ? et vois-tu rien de plus impertinent[2] que des femmes qui rient à tout propos ?

COVIELLE. Mais enfin elle est capricieuse autant que personne au monde.

CLÉONTE. Oui, elle est capricieuse, j'en demeure d'accord ; mais tout sied bien aux belles, on souffre tout des belles.

COVIELLE. Puisque cela va comme cela, je vois bien que vous avez envie de l'aimer toujours.

CLÉONTE. Moi, j'aimerais mieux mourir ; et je vais la haïr autant que je l'ai aimée.

COVIELLE. Le moyen, si vous la trouvez si parfaite ?

CLÉONTE. C'est en quoi ma vengeance sera plus éclatante, en quoi je veux faire mieux voir la force de mon cœur, à la haïr, à la quitter, toute belle, toute pleine d'attraits, toute aimable que je la trouve. La voici.

---

1. **Enjouements :** manifestations de gaieté.
2. **Impertinent :** déplaisant.

Scène 10 CLÉONTE, LUCILE, COVIELLE, NICOLE.

NICOLE, *à Lucile.* Pour moi, j'en ai été toute scandalisée.

LUCILE. Ce ne peut être, Nicole, que ce que je te dis. Mais le voilà.

CLÉONTE, *à Covielle.* Je ne veux pas seulement lui parler.

COVIELLE. Je veux vous imiter.

LUCILE. Qu'est-ce donc, Cléonte ? qu'avez-vous ?

NICOLE. Qu'as-tu donc, Covielle ?

LUCILE. Quel chagrin vous possède ?

NICOLE. Quelle mauvaise humeur te tient ?

LUCILE. Êtes-vous muet, Cléonte ?

NICOLE. As-tu perdu la parole, Covielle ?

CLÉONTE. Que voilà qui est scélérat[1] !

COVIELLE. Que cela est Judas[2] !

LUCILE. Je vois bien que la rencontre de tantôt a troublé votre esprit.

CLÉONTE, *à Covielle.* Ah ! ah ! on voit ce qu'on a fait.

NICOLE. Notre accueil de ce matin t'a fait prendre la chèvre[3].

COVIELLE, *à Cléonte.* On a deviné l'enclouure[4].

LUCILE. N'est-il pas vrai, Cléonte, que c'est là le sujet de votre dépit ?

---

1. **Scélérat :** méchant, coquin.
2. **Judas :** trompeur, digne de Judas (référence aux Évangiles, dans lesquelles Judas est celui qui trahit Jésus).
3. **Prendre la chèvre :** prendre la mouche, se fâcher (comme une chèvre qui se cabre).
4. **Enclouure :** point sensible (au sens propre : blessure faite au sabot d'un cheval par un clou).

CLÉONTE. Oui, perfide, ce l'est, puisqu'il faut parler ; et j'ai à vous dire que vous ne triompherez pas comme vous pensez de votre infidélité, que je veux être le premier à rompre avec vous, et que vous n'aurez pas l'avantage de me chasser. J'aurai de la peine, sans doute, à vaincre l'amour que j'ai pour vous ; cela me causera des chagrins. Je souffrirai un temps ; mais j'en viendrai à bout, et je me percerai plutôt le cœur, que d'avoir la faiblesse de retourner à vous.

COVIELLE, *à Nicole.* Queussi, queumi[1].

LUCILE. Voilà bien du bruit pour un rien. Je veux vous dire, Cléonte, le sujet qui m'a fait ce matin éviter votre abord.

CLÉONTE, *voulant s'en aller pour éviter Lucile.* Non, je ne veux rien écouter.

NICOLE, *à Covielle.* Je te veux apprendre la cause qui nous a fait passer si vite.

COVIELLE, *voulant aussi s'en aller pour éviter Nicole.* Je ne veux rien entendre…

LUCILE, *suivant Cléonte.* Sachez que ce matin...

CLÉONTE, *marchant toujours sans regarder Lucile.* Non, vous dis-je.

NICOLE, *suivant Covielle.* Apprends que...

COVIELLE, *marchant aussi sans regarder Nicole.* Non, traîtresse.

LUCILE. Écoutez.

CLÉONTE. Point d'affaire.

NICOLE. Laisse-moi dire.

COVIELLE. Je suis sourd.

LUCILE. Cléonte !

CLÉONTE. Non.

NICOLE. Covielle !

COVIELLE. Point.

LUCILE. Arrêtez.

CLÉONTE. Chansons !

---

1. **Queussi quemi :** comme lui, comme moi, c'est-à-dire : « il en va pour moi comme pour lui » (expression picarde).

NICOLE. Entends-moi.

COVIELLE. Bagatelles !

LUCILE. Un moment.

CLÉONTE. Point du tout.

NICOLE. Un peu de patience.

COVIELLE. Tarare[1].

LUCILE. Deux paroles.

CLÉONTE. Non, c'en est fait.

NICOLE. Un mot.

COVIELLE. Plus de commerce[2].

LUCILE, *s'arrêtant.* Hé bien, puisque vous ne voulez pas m'écouter, demeurez dans votre pensée, et faites ce qu'il vous plaira.

NICOLE, *s'arrêtant aussi.* Puisque tu fais comme cela, prends-le tout comme tu voudras.

CLÉONTE, *se tournant vers Lucile.* Sachons donc le sujet d'un si bel accueil.

LUCILE, *s'en allant à son tour pour éviter Cléonte.* Il ne me plaît plus de le dire.

COVIELLE, *se tournant vers Nicole.* Apprends-nous un peu cette histoire.

NICOLE, *s'en allant aussi pour éviter Covielle.* Je ne veux plus, moi, te l'apprendre.

CLÉONTE, *suivant Lucile.* Dites-moi...

LUCILE, *marchant toujours sans regarder Cléonte.* Non, je ne veux rien dire.

COVIELLE, *suivant Nicole.* Conte-moi...

NICOLE, *marchant aussi sans regarder Covielle.* Non, je ne conte rien.

CLÉONTE. De grâce...

---

1. **Tarare :** pas du tout, « taratata ».
2. **Plus de commerce :** plus de discussion, n'en parlons plus.

LUCILE. Non, vous dis-je.

COVIELLE. Par charité.

NICOLE. Point d'affaire.

CLÉONTE. Je vous en prie.

LUCILE. Laissez-moi.

COVIELLE. Je t'en conjure.

NICOLE. Ôte-toi de là.

CLÉONTE. Lucile !

LUCILE. Non.

COVIELLE. Nicole !

NICOLE. Point.

CLÉONTE. Au nom des dieux !...

LUCILE. Je ne veux pas.

COVIELLE. Parle-moi.

NICOLE. Point du tout.

CLÉONTE. Éclaircissez mes doutes.

LUCILE. Non, je n'en ferai rien.

COVIELLE. Guéris-moi l'esprit.

NICOLE. Non, il ne me plaît pas.

CLÉONTE. Hé bien, puisque vous vous souciez si peu de me tirer de peine, et de vous justifier du traitement indigne que vous avez fait à ma flamme[1], vous me voyez, ingrate, pour la dernière fois, et je vais loin de vous mourir de douleur et d'amour.

COVIELLE, *à Nicole.* Et moi, je vais suivre ses pas.

LUCILE, *à Cléonte, qui veut sortir.* Cléonte !

NICOLE, *à Covielle, qui veut sortir.* Covielle !

CLÉONTE, *s'arrêtant.* Eh ?

COVIELLE, *s'arrêtant aussi.* Plaît-il ?

LUCILE. Où allez-vous ?

---

1. **Flamme :** amour.

CLÉONTE. Où je vous ai dit.

COVIELLE. Nous allons mourir.

LUCILE. Vous allez mourir, Cléonte ?

CLÉONTE. Oui, cruelle, puisque vous le voulez.

LUCILE. Moi, je veux que vous mouriez ?

CLÉONTE. Oui, vous le voulez.

LUCILE. Qui vous le dit ?

CLÉONTE, *s'approchant de Lucile.* N'est-ce pas le vouloir, que de ne vouloir pas éclaircir mes soupçons ?

LUCILE. Est-ce ma faute ? Et, si vous aviez voulu m'écouter, ne vous aurais-je pas dit que l'aventure dont vous vous plaignez a été causée ce matin par la présence d'une vieille tante qui veut, à toute force, que la seule approche d'un homme déshonore une fille ? qui perpétuellement nous sermonne sur ce chapitre, et nous figure[1] tous les hommes comme des diables qu'il faut fuir ?

NICOLE, *à Covielle.* Voilà le secret de l'affaire.

CLÉONTE. Ne me trompez-vous point, Lucile ?

COVIELLE, *à Nicole.* Ne m'en donnes-tu point à garder ?[2]

LUCILE, *à Cléonte.* Il n'est rien de plus vrai.

NICOLE, *à Covielle.* C'est la chose comme elle est.

COVIELLE, *à Cléonte.* Nous rendrons-nous à cela ?

CLÉONTE. Ah ! Lucile, qu'avec un mot de votre bouche vous savez apaiser de choses dans mon cœur, et que facilement on se laisse persuader aux personnes[3] qu'on aime !

COVIELLE. Qu'on est aisément amadoué[4] par ces diantres d'animaux-là !

---

1. **Figure :** représente.
2. **Ne m'en donnes-tu point à garder ? :** ne me racontes-tu pas des mensonges ?
3. **Aux personnes :** par les personnes.
4. **Amadoué :** radouci.

Scène 11 MADAME JOURDAIN, CLÉONTE, LUCILE, COVIELLE, NICOLE.

MADAME JOURDAIN. Je suis bien aise de vous voir, Cléonte, et vous voilà tout à propos. Mon mari vient, prenez vite votre temps[1] pour lui demander Lucile en mariage.

CLÉONTE. Ah ! madame, que cette parole m'est douce et qu'elle flatte mes désirs ! Pouvais-je recevoir un ordre plus charmant, une faveur plus précieuse ?

Scène 12 MONSIEUR JOURDAIN, MADAME JOURDAIN, CLÉONTE, LUCILE, COVIELLE, NICOLE.

CLÉONTE. Monsieur, je n'ai voulu prendre personne pour vous faire une demande que je médite il y a longtemps. Elle me touche assez pour m'en charger moi-même ; et, sans autre détour, je vous dirai que l'honneur d'être votre gendre est une faveur glorieuse que je vous prie de m'accorder.

MONSIEUR JOURDAIN. Avant que de vous rendre réponse, monsieur, je vous prie de me dire si vous êtes gentilhomme.

CLÉONTE. Monsieur, la plupart des gens sur cette question n'hésitent pas beaucoup. On tranche le mot[2] aisément. Ce nom ne fait aucun scrupule à prendre, et l'usage aujourd'hui semble en autoriser le vol. Pour moi, je vous l'avoue, j'ai les sentiments sur cette matière un peu plus délicats. Je trouve que toute imposture est indigne

---

1. **Prenez vite votre temps :** saisissez vite l'occasion.
2. **Le mot :** la question.

d'un honnête homme, et qu'il y a de la lâcheté à déguiser ce que le ciel nous a fait naître, à se parer aux yeux du monde d'un titre dérobé, à se vouloir donner pour ce qu'on n'est pas. Je suis né de parents, sans doute, qui ont tenu des charges[1] honorables. Je me suis acquis dans les armes l'honneur de six ans de services, et je me trouve assez de bien pour tenir dans le monde un rang assez passable ; mais avec tout cela je ne veux point me donner un nom où d'autres en ma place croiraient pouvoir prétendre ; et je vous dirai franchement que je ne suis point gentilhomme.

MONSIEUR JOURDAIN. Touchez là[2], monsieur. Ma fille n'est pas pour vous.

CLÉONTE. Comment ?

MONSIEUR JOURDAIN. Vous n'êtes point gentilhomme, vous n'aurez pas ma fille.

MADAME JOURDAIN. Que voulez-vous donc dire avec votre gentilhomme ? Est-ce que nous sommes, nous autres, de la côte de saint Louis[3] ?

MONSIEUR JOURDAIN. Taisez-vous, ma femme, je vous vois venir.

MADAME JOURDAIN. Descendons-nous tous deux que de bonne bourgeoisie ?[4]

MONSIEUR JOURDAIN. Voilà pas le coup de langue ![5]

MADAME JOURDAIN. Et votre père n'était-il pas marchand aussi bien que le mien ?

MONSIEUR JOURDAIN. Peste soit de la femme ! Elle n'y a jamais manqué. Si votre père a été marchand, tant pis pour lui ; mais, pour le mien, ce sont des malavisés[6] qui disent cela. Tout ce que j'ai à vous dire, moi, c'est que je veux avoir un gendre gentilhomme.

---

1. **Charges :** fonctions.
2. **Touchez-là :** touchez-moi la main (en signe d'accord).
3. **De la côte de saint Louis :** de noblesse ancienne.
4. **Descendons-nous tous deux que de bonne bourgeoisie ? :** descendons-nous tous d'eux d'autre chose que de bonne bourgeoisie ? Ne descendons-nous pas tous deux de bonne bourgeoisie ?
5. **Voilà pas le coup de langue ! :** ne voilà-t-il pas une médisance !
6. **Malavisés :** mal informés.

MADAME JOURDAIN. Il faut à votre fille un mari qui lui soit propre[1], et il vaut mieux pour elle un honnête homme riche et bien fait qu'un gentilhomme gueux[2] et mal bâti.

NICOLE. Cela est vrai. Nous avons le fils du gentilhomme de notre village, qui est le plus grand malitorne[3] et le plus sot dadais que j'aie jamais vu.

MONSIEUR JOURDAIN, *à Nicole.* Taisez-vous, impertinente ! Vous vous fourrez toujours dans la conversation. J'ai du bien assez pour ma fille, je n'ai besoin que d'honneur, et je la veux faire marquise.

MADAME JOURDAIN. Marquise !

MONSIEUR JOURDAIN. Oui, marquise.

MADAME JOURDAIN. Hélas ! Dieu m'en garde !

MONSIEUR JOURDAIN. C'est une chose que j'ai résolue.

MADAME JOURDAIN. C'est une chose, moi, où je ne consentirai point. Les alliances avec plus grand que soi sont sujettes toujours à de fâcheux inconvénients. Je ne veux point qu'un gendre puisse à ma fille reprocher ses parents, et qu'elle ait des enfants qui aient honte de m'appeler leur grand-maman. S'il fallait qu'elle me vînt visiter en équipage[4] de grand'dame, et qu'elle manquât par mégarde à saluer quelqu'un du quartier, on ne manquerait pas aussitôt de dire cent sottises. « Voyez-vous, dirait-on, cette madame la marquise qui fait tant la glorieuse[5] ? C'est la fille de Monsieur Jourdain, qui était trop heureuse, étant petite, de jouer à la madame avec nous : elle n'a pas toujours été si relevée[6] que la voilà ; et ses deux grands-pères vendaient du drap auprès de la porte Saint-Innocent[7]. Ils ont amassé du bien à leurs enfants, qu'ils payent maintenant peut-être bien cher en l'autre monde, et l'on

1. **Soit propre :** convienne, soit approprié.
2. **Gueux :** pauvre.
3. **Malitorne :** maladroit.
4. **Équipage :** tout ce qui accompagne un déplacement : vêtements, serviteurs, carrosses, etc.
5. **Glorieuse :** vaniteuse.
6. **Relevée :** hautaine, prétentieuse.
7. **Porte Saint-Innocent :** dans le quartier des Halles, où Molière était né.

ne devient guère si riches à être honnêtes gens. » Je ne veux point tous ces caquets et je veux un homme, en un mot, qui m'ait obligation de[1] ma fille, et à qui je puisse dire : « Mettez-vous là, mon gendre, et dînez avec moi. »

MONSIEUR JOURDAIN. Voilà bien les sentiments d'un petit esprit, de vouloir demeurer toujours dans la bassesse. Ne me répliquez pas davantage ; ma fille sera marquise en dépit de tout le monde ; et si vous me mettez en colère, je la ferai duchesse.

Scène 13 MADAME JOURDAIN, CLÉONTE, LUCILE, NICOLE, COVIELLE.

MADAME JOURDAIN. Cléonte, ne perdez point courage encore. *(À Lucile.)* Suivez-moi, ma fille, et venez dire résolument à votre père, que si vous ne l'avez, vous ne voulez épouser personne.

Scène 14 CLÉONTE, COVIELLE.

COVIELLE. Vous avez fait de belles affaires, avec vos beaux sentiments.

CLÉONTE. Que veux-tu ? J'ai un scrupule là-dessus, que l'exemple[2] ne saurait vaincre.

---

1. **Qui m'ait obligation de...** : qui me soit reconnaissant de...
2. **L'exemple** : sous-entendu, « de ceux qui prétendent à tort être nobles ».

COVIELLE. Vous moquez-vous, de le prendre sérieusement avec un homme comme cela ? Ne voyez-vous pas qu'il est fou ? et vous coûtait-il quelque chose de vous accommoder à ses chimères[1] ?

CLÉONTE. Tu as raison ; mais je ne croyais pas qu'il fallût faire preuve de noblesse pour être gendre de Monsieur Jourdain.

COVIELLE, *riant.* Ah ! ah ! ah !

CLÉONTE. De quoi ris-tu ?

COVIELLE. D'une pensée qui me vient pour jouer notre homme et vous faire obtenir ce que vous souhaitez.

CLÉONTE. Comment ?

COVIELLE. L'idée est tout à fait plaisante.

CLÉONTE. Quoi donc ?

COVIELLE. Il s'est fait depuis peu une certaine mascarade[2] qui vient[3] le mieux du monde ici, et que je prétends faire entrer dans une bourle[4] que je veux faire à notre ridicule[5]. Tout cela sent un peu sa comédie ; mais, avec lui, on peut hasarder toute chose, il n'y faut point chercher tant de façons, et il est homme à y jouer son rôle à merveille, à donner aisément dans toutes les fariboles[6] qu'on s'avisera de lui dire. J'ai les acteurs, j'ai les habits tout prêts, laissez-moi faire seulement.

CLÉONTE. Mais apprends-moi...

COVIELLE. Je vais vous instruire de tout ; retirons-nous, le voilà qui revient.

---

1. **Chimères :** idées folles et illusoires.
2. **Mascarade :** comédie où l'on se déguise.
3. **Vient :** convient.
4. **Bourle :** plaisanterie.
5. **Notre ridicule :** notre bourgeois ridicule.
6. **Fariboles :** choses ou paroles fausses.

Clefs d'analyse **Acte III,** scènes 12 à 14

Action et personnages

1. Comment décririez-vous le caractère de Cléonte et de Mme Jourdain ?
2. En quoi peut-on penser que Molière exprime, dans la scène 12, une critique sociale ?
3. Qu'y apprenons-nous sur le passé de la famille Jourdain ?
4. Quelles qualités doit posséder le gendre idéal selon Mme Jourdain ? Son discours est-il purement abstrait et général, ou pense-t-elle à une personne précise ?
5. Montrez comment l'intrigue progresse au cours de ces trois scènes ; à quel moment peut-on parler de rebondissement ? Quel rôle jouent les entrées et sorties de personnages ?
6. En quoi la scène 14 est-elle importante pour la suite de l'action ? Quel est le plan de Covielle ?
7. Que sait le spectateur à la fin de la scène 14 ? En quoi cette omniscience permet-elle à Molière d'établir avec lui une complicité ?

Langue

8. Sur quel sujet M. et Mme Jourdain sont-ils en désaccord ? Comment se traduit leur opposition : termes, ton… ?
9. Dans la tirade de Cléonte (scène 12), relevez les mots appartenant au champ sémantique du mensonge. Quel trait de caractère traduisent-ils ? À quel autre personnage Cléonte s'oppose-t-il par là ?
10. Scène 12, relevez les expressions exprimant la colère de M. Jourdain à l'égard de sa femme.

Genre ou thèmes

11. Scène 12, comment Molière évite-t-il que l'atmosphère ne s'assombrisse ? Quel est l'effet comique qui empêche la pièce de basculer dans le pathétique ?

12. Imaginez qu'à la question de M. Jourdain (scène 12, lignes 6-7), Cléonte ait choisi de répondre par l'affirmative. Rédigez la suite de la scène en imaginant la réaction de M. Jourdain, Mme Jourdain, Lucile.

Écriture

13. « Voyez-vous, dirait-on [...] elle n'a pas toujours été si relevée que voilà » (scène 12, lignes 60-64). Rédigez le portrait d'une jeune fille d'origine bourgeoise qui, comme le redoute Mme Jourdain pour Lucile, serait devenue arrogante après avoir épousé un aristocrate.

Pour aller plus loin

14. Dans la scène 12, Lucile demeure silencieuse ; pourquoi ? Vous vous informerez sur le rôle que jouent au XVIIe siècle les parents dans le choix du conjoint de leur enfant, et vous montrerez que cette conception du mariage est au cœur de nombreuses comédies ; vous en citerez quelques exemples.

15. Covielle reprend dans la scène 14 le rôle traditionnel du valet de comédie. Quel est ce rôle ? Donnez-en des exemples à partir d'autres pièces de théâtre. Quels sont les autres rôles que peut remplir au théâtre le valet ? Y a-t-il à cet égard une différence entre la comédie et la tragédie ?

✻ *À retenir*

Cette fois, l'exposition est enfin achevée, l'action est véritablement en route, et le stratagème qui donnera lieu au « Ballet des nations » final se dessine de plus en plus nettement : tous les personnages se liguent contre M. Jourdain, dont l'absurde ambition menace directement l'équilibre familial, et Covielle compte tirer parti de cette folie des grandeurs pour permettre à Lucile d'épouser Cléonte.

Scène 15 MONSIEUR JOURDAIN, *seul.*

MONSIEUR JOURDAIN. Que diable est-ce là ! Ils n'ont rien que les grands seigneurs à me reprocher[1] ; et moi, je ne vois rien de si beau, que de hanter[2] les grands seigneurs ; il n'y a qu'honneur et que civilité[3] avec eux, et je voudrais qu'il m'eût coûté deux doigts de la main, et être né comte ou marquis.

Scène 16 MONSIEUR JOURDAIN, UN LAQUAIS.

LAQUAIS. Monsieur, voici monsieur le comte, et une dame qu'il mène par la main.

MONSIEUR JOURDAIN. Hé ! mon Dieu, j'ai quelques ordres à donner. Dis-leur que je vais venir ici tout à l'heure[4].

Scène 17 DORIMÈNE, DORANTE, LAQUAIS.

LAQUAIS. Monsieur dit comme cela, qu'il va venir ici tout à l'heure.

DORANTE. Voilà qui est bien.

---

1. **Ils n'ont rien que les grands seigneurs à me reprocher :** ils ne font que me reprocher les grands seigneurs.
2. **Hanter :** fréquenter.
3. **Civilité :** bonnes manières.
4. **Tout à l'heure :** tout de suite.

Scène 18 DORIMÈNE, DORANTE, LAQUAIS.

DORIMÈNE. Je ne sais pas, Dorante ; je fais encore ici[1] une étrange démarche, de me laisser amener par vous dans une maison où je ne connais personne.

DORANTE. Quel lieu voulez-vous donc, madame, que mon amour choisisse pour vous régaler[2], puisque pour fuir l'éclat[3], vous ne voulez ni votre maison, ni la mienne ?

DORIMÈNE. Mais vous ne dites pas que je m'engage insensiblement chaque jour à recevoir de trop grands témoignages de votre passion ? J'ai beau me défendre des choses, vous fatiguez ma résistance et vous avez une civile opiniâtreté[4] qui me fait venir doucement à tout ce qu'il vous plaît. Les visites fréquentes ont commencé ; les déclarations sont venues ensuite, qui après elles ont traîné[5] les sérénades et les cadeaux[6], que les présents ont suivis. Je me suis opposée à tout cela, mais vous ne vous rebutez point, et pied à pied vous gagnez mes résolutions[7]. Pour moi, je ne puis plus répondre de rien, et je crois qu'à la fin vous me ferez venir au mariage, dont je me suis tant éloignée.

DORANTE. Ma foi, madame, vous y devriez déjà être. Vous êtes veuve, et ne dépendez que de vous. Je suis maître de moi, et vous aime plus que ma vie. À quoi tient-il que dès aujourd'hui vous ne fassiez tout mon bonheur ?

DORIMÈNE. Mon Dieu, Dorante, il faut des deux parts bien des qualités pour vivre heureusement ensemble ; et les deux plus raisonnables personnes du monde, ont souvent peine à composer une union dont ils soient satisfaits.

---

1. **Ici :** en ce moment.
2. **Régaler :** offrir une fête.
3. **Fuir l'éclat :** agir avec discrétion.
4. **Civile opiniâtreté :** obstination aimable, insistance polie.
5. **Traîné :** entraîné.
6. **Cadeaux :** au XVIIe siècle, désigne souvent les repas offerts à des dames à la campagne.
7. **Vous gagnez mes résolutions :** vous l'emportez sur mes résolutions.

DORANTE. Vous vous moquez, madame, de vous y figurer tant de difficultés ; et l'expérience que vous avez faite ne conclut rien pour tous les autres.

DORIMÈNE. Enfin j'en reviens toujours là. Les dépenses que je vous vois faire pour moi m'inquiètent par deux raisons : l'une, qu'elles m'engagent plus que je ne voudrais ; et l'autre, que je suis sûre, sans vous déplaire, que vous ne les faites point que vous ne vous incommodiez[1] ; et je ne veux point cela.

DORANTE. Ah ! madame, ce sont des bagatelles[2], et ce n'est pas par là...

DORIMÈNE. Je sais ce que je dis ; et entre autres le diamant que vous m'avez forcée à prendre est d'un prix...

DORANTE. Eh ! madame, de grâce, ne faites point tant valoir une chose que mon amour trouve indigne de vous, et souffrez... Voici le maître du logis.

Scène 19 MONSIEUR JOURDAIN, DORIMÈNE, DORANTE.

MONSIEUR JOURDAIN, *après avoir fait deux révérences, se trouvant trop près de Dorimène.* Un peu plus loin, madame.

DORIMÈNE. Comment ?

MONSIEUR JOURDAIN. Un pas, s'il vous plaît.

DORIMÈNE. Quoi donc ?

MONSIEUR JOURDAIN. Reculez un peu pour la troisième[3].

---

1. **Incommodiez :** mettiez dans l'embarras (sous-entendu : financier).
2. **Bagatelles :** choses sans importance.
3. **Troisième :** troisième révérence.

DORANTE. Madame, monsieur Jourdain sait son monde[1].

MONSIEUR JOURDAIN. Madame, ce m'est une gloire bien grande de me voir assez fortuné pour être si heureux que d'avoir le bonheur que vous ayez eu la bonté de m'accorder la grâce de me faire l'honneur de m'honorer de la faveur de votre présence ; et si j'avais aussi le mérite pour mériter un mérite comme le vôtre, et que le Ciel... envieux de mon bien... m'eût accordé... l'avantage de me voir digne... des...

DORANTE. Monsieur Jourdain, en voilà assez ; madame n'aime pas les grands compliments, et elle sait que vous êtes homme d'esprit. *(Bas, à Dorimène.)* C'est un bon bourgeois assez ridicule, comme vous voyez, dans toutes ses manières.

DORIMÈNE, *de même.* Il n'est pas malaisé de s'en apercevoir.

DORANTE, *haut.* Madame, voilà le meilleur de mes amis.

MONSIEUR JOURDAIN. C'est trop d'honneur que vous me faites.

DORANTE. Galant[2] homme tout à fait.

DORIMÈNE. J'ai beaucoup d'estime pour lui.

MONSIEUR JOURDAIN. Je n'ai rien fait encore, madame, pour mériter cette grâce.

DORANTE, *bas, à M. Jourdain.* Prenez bien garde au moins, à ne lui point parler du diamant que vous lui avez donné.

MONSIEUR JOURDAIN, *bas, à Dorante.* Ne pourrais-je pas seulement lui demander comment elle le trouve ?

DORANTE, *bas, à M. Jourdain.* Comment ? gardez-vous-en bien. Cela serait vilain[3] à vous ; et, pour agir en galant homme, il faut que vous fassiez comme si ce n'était pas vous qui lui eussiez fait ce présent. *(Haut.)* Monsieur Jourdain, madame, dit qu'il est ravi de vous voir chez lui.

DORIMÈNE. Il m'honore beaucoup.

---

1. **Sait son monde :** connaît les usages de la bonne société.
2. **Galant :** qui a de bonnes manières.
3. **Vilain :** vulgaire (littéralement : digne d'un vilain, d'un paysan).

MONSIEUR JOURDAIN, *bas, à Dorante.* Que je vous suis obligé, Monsieur, de lui parler ainsi pour moi !

DORANTE, *bas, à M. Jourdain.* J'ai eu une peine effroyable à la faire venir ici.

MONSIEUR JOURDAIN, *bas, à Dorante.* Je ne sais quelles grâces vous en rendre.

DORANTE. Il dit, madame, qu'il vous trouve la plus belle personne du monde.

DORIMÈNE. C'est bien de la grâce qu'il me fait.

MONSIEUR JOURDAIN. Madame, c'est vous qui faites les grâces[1], et...

DORANTE. Songeons à manger.

Scène 20 MONSIEUR JOURDAIN, DORIMÈNE, DORANTE, UN LAQUAIS.

LAQUAIS, *bas, à M. Jourdain.* Tout est prêt, Monsieur.

DORANTE. Allons donc nous mettre à table, et qu'on fasse venir les musiciens.

(Six cuisiniers qui ont préparé le festin dansent ensemble, et font le troisième intermède ; après quoi ils apportent une table couverte de plusieurs mets.)

---

1. **C'est vous qui faites les grâces :** c'est vous qui (me) faites la grâce. M. Jourdain se trompe, et utilise le pluriel au lieu du singulier.

ACTE IV

Scène 1 Dorante, Dorimène, Monsieur Jourdain, deux musiciens, une musicienne, Laquais.

Dorimène. Comment, Dorante, voilà un repas tout à fait magnifique !

Monsieur Jourdain. Vous vous moquez, madame, et je voudrais qu'il fût plus digne de vous être offert.

(Tous se mettent à table.)

Dorante. Monsieur Jourdain a raison, madame, de parler de la sorte, et il m'oblige[1] de vous faire si bien les honneurs de chez lui. Je demeure d'accord avec lui que le repas n'est pas digne de vous. Comme c'est moi qui l'ai ordonné, et que je n'ai pas sur cette matière les lumières de nos amis, vous n'avez pas ici un repas fort savant, et vous y trouverez des incongruités de bonne chère[2] et des barbarismes[3] de bon goût. Si Damis s'en était mêlé, tout serait dans les règles ; il y aurait partout de l'élégance et de l'érudition, et il ne manquerait pas de vous exagérer[4] lui-même toutes les pièces du repas qu'il vous donnerait, et de vous faire tomber d'accord de sa haute capacité dans la science des bons morceaux ; de vous parler d'un pain de rive,[5] à biseau doré, relevé de croûte partout, croquant tendrement sous la dent ; d'un vin à sève veloutée, armé d'un vert qui n'est point trop commandant[6] ; d'un carré de

---

1. **M'oblige :** me fait plaisir.
2. **Incongruités de bonne chère :** fautes dans la manière d'organiser un bon repas (habituellement, le terme *incongruités* est employé en grammaire).
3. **Barbarismes :** fautes portant atteinte à la pureté du langage (terme de grammaire).
4. **Exagérer :** mettre en valeur.
5. **Pain de rive, à biseau doré :** pain bien doré de tous les côtés, en particulier sur le biseau (la tranche), parce qu'il a été cuit sur la rive (le bord) du four.
6. **Armé d'un vert qui n'est point trop commandant :** ayant un goût de vin nouveau, mais pas trop prononcé.

mouton gourmandé de persil[1] ; d'une longe[2] de veau de rivière[3] longue comme cela, blanche, délicate, et qui sous les dents est une vraie pâte d'amande ; de perdrix relevées d'un fumet surprenant ; et, pour son opéra[4], d'une soupe à bouillon perlé[5] soutenue d'un jeune gros dindon cantonné[6] de pigeonneaux et couronnée d'oignons blancs mariés avec la chicorée. Mais, pour moi, je vous avoue mon ignorance ; et, comme monsieur Jourdain a fort bien dit, je voudrais que le repas fût plus digne de vous être offert.

DORIMÈNE. Je ne réponds à ce compliment qu'en mangeant comme je fais.

MONSIEUR JOURDAIN. Ah ! que voilà de belles mains !

DORIMÈNE. Les mains sont médiocres, monsieur Jourdain ; mais vous voulez parler du diamant, qui est fort beau.

MONSIEUR JOURDAIN. Moi, madame ! Dieu me garde d'en vouloir parler ; ce ne serait pas agir en galant homme, et le diamant est fort peu de chose.

DORIMÈNE. Vous êtes bien dégoûté.

MONSIEUR JOURDAIN. Vous avez trop de bonté...

DORANTE, *après avoir fait signe à M. Jourdain.* Allons, qu'on donne du vin à monsieur Jourdain et à ces messieurs, qui nous feront la grâce de nous chanter un air à boire.

DORIMÈNE. C'est merveilleusement assaisonner la bonne chère que d'y mêler la musique, et je me vois ici admirablement régalée.

MONSIEUR JOURDAIN. Madame, ce n'est pas...

DORANTE. Monsieur Jourdain, prêtons silence à ces messieurs ; ce qu'ils nous diront vaudra mieux que tout ce que nous pourrions dire. *(Les musiciens et la musicienne prennent des verres, chantent deux chansons à boire, et sont soutenus de toute la symphonie.)*

---

1. **Gourmandé de persil :** piqué de persil.
2. **Longe :** partie comprise entre le bas de l'épaule et la queue.
3. **Veau de rivière :** veau très gras élevé dans les prairies bordant la Seine (ou une autre rivière).
4. **Opéra :** chef-d'œuvre.
5. **Bouillon perlé :** excellent bouillon.
6. **Cantonné :** garni aux quatre coins.

PREMIÈRE CHANSON À BOIRE

(Premier et deuxième musiciens ensemble, un verre à la main.)

Un petit doigt, Philis, pour commencer le tour[1] ;
Ah ! qu'un verre en vos mains a d'agréables charmes !
Vous et le vin, vous vous prêtez des armes,
Et je sens pour tous deux redoubler mon amour :
Entre lui, vous et moi, jurons, jurons, ma belle,
Une ardeur éternelle.
Qu'en mouillant votre bouche il en reçoit d'attraits,
Et que l'on voit par lui votre bouche embellie !
Ah ! l'un de l'autre ils me donnent envie,
Et de vous et de lui je m'enivre à longs traits :
Entre lui, vous et moi, jurons, jurons, ma belle,
Une ardeur éternelle.

SECONDE CHANSON À BOIRE

(Deuxième et troisième musiciens ensemble.)

Buvons, chers amis, buvons.
Le temps qui fuit nous y convie ;
Profitons de la vie
Autant que nous pouvons :
Quand on a passé l'onde noire[2],
Adieu le bon vin, nos amours ;
Dépêchons-nous de boire,
On ne boit pas toujours.
Laissons raisonner les sots
Sur le vrai bonheur de la vie ;
Notre philosophie
Le met parmi les pots :
Les biens, le savoir et la gloire
N'ôtent point les soucis fâcheux.
Et ce n'est qu'à bien boire
Que l'on peut être heureux.

(Tous trois ensemble.)

1. **Tour :** tournée.
2. **Quand on a passé l'onde noire :** quand on est mort (l'onde noire désigne l'eau du Styx, fleuve des enfers, dans la mythologie grecque).

Sus[1] ! sus ! du vin, partout versez, garçons versez,
Versez, versez toujours tant qu[2]'on vous dise assez.

DORIMÈNE. Je ne crois pas qu'on puisse mieux chanter, et cela est tout à fait beau.

MONSIEUR JOURDAIN. Je vois encore ici, madame, quelque chose de plus beau.

DORIMÈNE. Ouais ![3] Monsieur Jourdain est galant plus que je ne pensais.

DORANTE. Comment ! madame, pour qui prenez-vous monsieur Jourdain ?

MONSIEUR JOURDAIN. Je voudrais bien qu'elle me prît pour ce que je dirais.

DORIMÈNE. Encore !

DORANTE, *à Dorimène.* Vous ne le connaissez pas.

MONSIEUR JOURDAIN. Elle me connaîtra quand il lui plaira.

DORIMÈNE. Oh ! je le quitte[4].

DORANTE. Il est homme qui a toujours la riposte en main. Mais vous ne voyez pas que Monsieur Jourdain, madame, mange tous les morceaux que vous touchez[5] ?

DORIMÈNE. Monsieur Jourdain est un homme qui me ravit…

MONSIEUR JOURDAIN. Si je pouvais ravir votre cœur, je serais...

---

1. **Sus ! :** allons ! (interjection utilisée pour encourager).
2. **Tant que :** jusqu'à ce que.
3. **Ouais ! :** exclamation marquant la surprise, sans nuance de familiarité.
4. **Je le quitte :** j'y renonce, j'abandonne.
5. **Que vous touchez :** morceaux entamés par Dorimène et laissés dans le plat (au XVIIe siècle, on se sert et on mange avec les mains).

Scène 2 MADAME JOURDAIN, MONSIEUR JOURDAIN, DORIMÈNE, DORANTE, MUSICIENS, MUSICIENNE, LAQUAIS.

MADAME JOURDAIN. Ah ! ah ! je trouve ici bonne compagnie, et je vois bien qu'on ne m'y attendait pas. C'est donc pour cette belle affaire-ci, monsieur mon mari, que vous avez eu tant d'empressement à m'envoyer dîner chez ma sœur ? Je viens de voir un théâtre[1] là-bas[2], et je vois ici un banquet à faire noces. Voilà comme vous dépensez votre bien, et c'est ainsi que vous festinez[3] les dames en mon absence, et que vous leur donnez la musique et la comédie, tandis que vous m'envoyez promener ?

DORANTE. Que voulez-vous dire, Madame Jourdain ? et quelles fantaisies[4] sont les vôtres, de vous aller mettre en tête que votre mari dépense son bien, et que c'est lui qui donne ce régale[5] à madame ? Apprenez que c'est moi, je vous prie ; qu'il ne fait seulement que me prêter sa maison, et que vous devriez un peu mieux regarder aux choses que vous dites.

MONSIEUR JOURDAIN. Oui, impertinente, c'est monsieur le comte qui donne tout ceci à madame, qui est une personne de qualité. Il me fait l'honneur de prendre ma maison, et de vouloir que je sois avec lui.

MADAME JOURDAIN. Ce sont des chansons que cela ; je sais ce que je sais.

DORANTE. Prenez, Madame Jourdain, prenez de meilleures lunettes.

MADAME JOURDAIN. Je n'ai que faire de lunettes, monsieur, et je vois assez clair ; il y a longtemps que je sens les choses, et je ne

---

1. **Théâtre :** celui que Covielle a fait dresser pour la cérémonie turque.
2. **Là-bas :** en bas.
3. **Festinez :** honorez en offrant un festin.
4. **Fantaisies :** idées folles, extravagantes.
5. **Régale :** fête.

suis pas une bête. Cela est fort vilain à vous, pour un grand seigneur, de prêter la main comme vous faites aux sottises de mon mari. Et vous, madame, pour une grand'dame, cela n'est ni beau ni honnête à vous de mettre de la dissension[1] dans un ménage et de souffrir[2] que mon mari soit amoureux de vous.

DORIMÈNE. Que veut donc dire tout ceci ? Allez, Dorante, vous vous moquez, de m'exposer aux sottes visions[3] de cette extravagante.

DORANTE, *suivant Dorimène qui sort.* Madame, holà ! madame, où courez-vous ?

MONSIEUR JOURDAIN. Madame ! monsieur le Comte, faites-lui excuses, et tâchez de la ramener.

Scène 3 MADAME JOURDAIN, MONSIEUR JOURDAIN, UN LAQUAIS.

MONSIEUR JOURDAIN. Ah ! impertinente que vous êtes, voilà de vos beaux faits ; vous me venez faire des affronts devant tout le monde, et vous chassez de chez moi des personnes de qualité.

MADAME JOURDAIN. Je me moque de leur qualité.

MONSIEUR JOURDAIN. Je ne sais qui me tient[4], maudite, que je ne vous fende la tête avec les pièces du repas que vous êtes venue troubler.
(On ôte la table.)

MADAME JOURDAIN, *sortant.* Je me moque de cela. Ce sont mes droits que je défends, et j'aurai pour moi toutes les femmes.

MONSIEUR JOURDAIN. Vous faites bien d'éviter ma colère.

---

1. **Dissension :** discorde.
2. **Souffrir :** tolérer.
3. **Visions :** idées folles et ridicules.
4. **Qui me tient :** ce qui me retient.

Clefs d'analyse Acte IV, scènes 1 à 3

Action et personnages

1. Dans la scène 1, comment Dorante s'y prend-il pour empêcher à la fois M. Jourdain et Dorimène de découvrir la vérité ?
2. En quoi le comportement de Mme Jourdain dans la scène 2 contraste-t-il violemment avec l'art de vivre aristocratique que s'efforce d'adopter son mari ? Son intervention peut-elle être considérée comme un coup de théâtre ?
3. Dans la scène 2, comment Dorante sauve-t-il la situation ? Peut-on dire qu'il ment ? Ses explications sont-elles interprétées de la même manière par tous les personnages ?

Langue

4. Dans la scène 1, quel type de langage emploie Dorante dans sa longue tirade sur les festins raffinés ? Quel est son objectif vis-à-vis de Dorimène ? Vis-à-vis de M. Jourdain ? En quoi Dorante se montre-t-il dans cette scène particulièrement habile ?
5. Dans la scène 2, Mme Jourdain utilise-t-elle le même langage que celui qu'elle employait précédemment ? Pourquoi ?

Genre ou thèmes

6. Dans la scène 1, en quoi consiste le comique du passage sur le diamant (depuis « Ah ! que voilà de belles mains » jusqu'à « trop de bonté ») ? Pourquoi Dorimène mentionne-t-elle ce diamant ? En quoi peut-on parler de malentendu ? Jusqu'à quand dure cette méprise ?
7. En quoi peut-on parler dans la scène 1 de comique de situation ?
8. Pourquoi Molière n'a-t-il pas développé davantage la scène de ménage qui oppose M. et Mme Jourdain dans la scène 3 ?

Écriture

9. Décrivez en détail, à la manière de Dorante dans la scène 1, un repas idéal.

10. Imaginez que Mme Jourdain croie les explications de Dorante dans la scène 2 ; rédigez la suite de la scène.

Pour aller plus loin

11. Qu'est-ce que la *préciosité* ? Informez-vous sur ce courant et sur ses manifestations en matière de maniement du langage, et montrez que la longue tirade de Dorante dans la scène 1, peut être qualifiée de précieuse ; relevez en particulier les termes qu'il y emploie dans un sens figuré.

12. Dans la scène 2, Mme Jourdain découvre son mari en galante compagnie. En quoi cette scène est-elle traditionnelle ? En connaissez-vous d'autres exemples ? Quelle est l'originalité du traitement que lui réserve Molière ici ? Qu'est-ce que le *vaudeville* et en quoi peut-on dire que Molière en préfigure ici certaines caractéristiques ?

13. « Ce sont mes droits que je défends, et j'aurai pour moi toutes les femmes. » Quels sont les droits de la femme au XVIIe siècle ? Comment les droits de la femme ont-ils évolué au cours des siècles suivants ? Vous présenterez le résultat de vos recherches sous la forme d'un exposé oral.

✻ *À retenir*

La relation qu'entretient M. Jourdain avec Dorimène apparaît de plus en plus comme illusoire, et les liens qui unissent au contraire la marquise à Dorante se confirment au fil de la pièce. Ce dernier doit déployer une remarquable habileté pour éviter de se trahir, auprès du bourgeois comme auprès de Dorimène : la tension dramatique est de plus en plus vive.

Scène 4 MONSIEUR JOURDAIN, SEUL.

MONSIEUR JOURDAIN. Elle est arrivée là bien malheureusement. J'étais en humeur de dire de jolies choses et jamais je ne m'étais senti tant d'esprit. Qu'est-ce que c'est que cela ?

Scène 5 COVIELLE, *déguisé en voyageur*, MONSIEUR JOURDAIN, LAQUAIS.

COVIELLE. Monsieur, je ne sais pas si j'ai l'honneur d'être connu de vous.

MONSIEUR JOURDAIN. Non, monsieur.

COVIELLE. Je vous ai vu que vous n'étiez pas plus grand que cela.

MONSIEUR JOURDAIN. Moi ?

COVIELLE. Oui, vous étiez le plus bel enfant du monde, et toutes les dames vous prenaient dans leurs bras pour vous baiser.

MONSIEUR JOURDAIN. Pour me baiser ?

COVIELLE. Oui. J'étais grand ami de feu[1] monsieur votre père.

MONSIEUR JOURDAIN. De feu monsieur mon père ?

COVIELLE. Oui. C'était un fort honnête gentilhomme.

MONSIEUR JOURDAIN. Comment dites-vous ?

COVIELLE. Je dis que c'était un fort honnête gentilhomme.

MONSIEUR JOURDAIN. Mon père ?

COVIELLE. Oui.

---

1. **Feu :** mort, décédé.

MONSIEUR JOURDAIN. Vous l'avez fort connu ?

COVIELLE. Assurément.

MONSIEUR JOURDAIN. Et vous l'avez connu pour gentilhomme[1] ?

COVIELLE. Sans doute.

MONSIEUR JOURDAIN. Je ne sais donc pas comment le monde est fait.

COVIELLE. Comment ?

MONSIEUR JOURDAIN. Il y a de sottes gens qui me veulent dire qu'il a été marchand.

COVIELLE. Lui, marchand ! C'est pure médisance, il ne l'a jamais été. Tout ce qu'il faisait, c'est qu'il était fort obligeant[2], fort officieux[3], et, comme il se connaissait fort bien en étoffes, il en allait choisir de tous les côtés, les faisait apporter chez lui, et en donnait à ses amis pour de l'argent.

MONSIEUR JOURDAIN. Je suis ravi de vous connaître, afin que vous rendiez ce témoignage-là que mon père était gentilhomme.

COVIELLE. Je le soutiendrai devant tout le monde.

MONSIEUR JOURDAIN. Vous m'obligerez. Quel sujet vous amène ?

COVIELLE. Depuis avoir connu feu monsieur votre père, honnête gentilhomme, comme je vous ai dit, j'ai voyagé par tout le monde.

MONSIEUR JOURDAIN. Par tout le monde !

COVIELLE. Oui.

MONSIEUR JOURDAIN. Je pense qu'il y a bien loin en ce pays-là.

COVIELLE. Assurément. Je ne suis revenu de tous mes longs voyages que depuis quatre jours ; et, par l'intérêt que je prends à tout ce qui vous touche, je viens vous annoncer la meilleure nouvelle du monde.

MONSIEUR JOURDAIN. Quelle ?

---

1. **Pour gentilhomme :** comme étant gentilhomme.
2. **Obligeant :** qui aime rendre service, faire plaisir.
3. **Officieux :** serviable.

COVIELLE. Vous savez que le fils du Grand Turc[1] est ici ?

MONSIEUR JOURDAIN. Moi ? Non.

COVIELLE. Comment ! Il a un train[2] tout à fait magnifique : tout le monde le va voir, et il a été reçu en ce pays comme un seigneur d'importance.

MONSIEUR JOURDAIN. Par ma foi, je ne savais pas cela.

COVIELLE. Ce qu'il y a d'avantageux pour vous, c'est qu'il est amoureux de votre fille.

MONSIEUR JOURDAIN. Le fils du Grand Turc ?

COVIELLE. Oui ; et il veut être votre gendre.

MONSIEUR JOURDAIN. Mon gendre, le fils du Grand Turc !

COVIELLE. Le fils du Grand Turc votre gendre. Comme je le fus voir, et que j'entends parfaitement sa langue, il s'entretint avec moi ; et, après quelques autres discours, il me dit : *Acciam croc soler ouch alla moustaph gidelum amanahem varahini oussere carbulath.* C'est-à-dire : « N'as-tu point vu une jeune belle personne qui est la fille de Monsieur Jourdain, gentilhomme parisien ? »

MONSIEUR JOURDAIN. Le fils du Grand Turc dit cela de moi ?

COVIELLE. Oui. Comme je lui eus répondu que je vous connaissais particulièrement et que j'avais vu votre fille : « Ah ! me dit-il, *Marababa sahem* » ; c'est-à-dire : « Ah ! que je suis amoureux d'elle ! »

MONSIEUR JOURDAIN. *Marababa sahem* veut dire : « Ah ! que je suis amoureux d'elle ! » ?

COVIELLE. Oui.

MONSIEUR JOURDAIN. Par ma foi, vous faites bien de me le dire, car, pour moi, je n'aurais jamais cru que *Marababa sahem* eût voulu dire : « Ah ! que je suis amoureux d'elle ! » Voilà une langue admirable que ce turc !

COVIELLE. Plus admirable qu'on ne peut croire. Savez-vous bien ce que veut dire *Cacaracamouchen* ?

---

1. **Grand Turc :** chef des Turcs.
2. **Un train :** une escorte, un cortège (domestiques, chevaux et voitures).

MONSIEUR JOURDAIN. *Cacaracamouchen* ? Non.

COVIELLE. C'est-à-dire, « Ma chère âme ».

MONSIEUR JOURDAIN. *Cacaracamouchen* veut dire : « Ma chère âme » ?

COVIELLE. Oui.

MONSIEUR JOURDAIN. Voilà qui est merveilleux ! *Cacaracamouchen*, « Ma chère âme ». Dirait-on jamais cela ? Voilà qui me confond.

COVIELLE. Enfin, pour achever mon ambassade[1], il vient vous demander votre fille en mariage ; et pour avoir un beau-père qui soit digne de lui, il veut vous faire *Mamamouchi*[2], qui est une certaine grande dignité de son pays.

MONSIEUR JOURDAIN. *Mamamouchi* ?

COVIELLE. Oui, *Mamamouchi* ; c'est-à-dire, en notre langue, paladin[3]. Paladin, ce sont de ces anciens... Paladin enfin ! Il n'y a rien de plus noble que cela dans le monde ; et vous irez de pair avec les plus grands seigneurs de la terre.

MONSIEUR JOURDAIN. Le fils du Grand Turc m'honore beaucoup, et je vous prie de me mener chez lui pour lui en faire mes remerciements.

COVIELLE. Comment ! le voilà qui va venir ici.

MONSIEUR JOURDAIN. Il va venir ici ?

COVIELLE. Oui ; et il amène toutes choses pour la cérémonie de votre dignité.

MONSIEUR JOURDAIN. Voilà qui est bien prompt.

COVIELLE. Son amour ne peut souffrir aucun retardement[4].

MONSIEUR JOURDAIN. Tout ce qui m'embarrasse ici, c'est que ma fille est une opiniâtre qui s'est allé mettre dans la tête un certain Cléonte, et elle jure de n'épouser personne que celui-là.

---

1. **Ambassade :** mission.
2. ***Mamamouchi :*** terme créé par Molière, sans doute d'après l'arabe « ma menou schi » signifiant « non bonne chose », c'est-à-dire « bon à rien ».
3. **Paladin :** nom donné aux seigneurs de la cour de Charlemagne.
4. **Retardement :** retard.

COVIELLE. Elle changera de sentiment quand elle verra le fils du Grand Turc ; et puis il se rencontre ici une aventure merveilleuse : c'est que le fils du Grand Turc ressemble à ce Cléonte, à peu de chose près. Je viens de le voir, on me l'a montré ; et l'amour qu'elle a pour l'un pourra passer aisément à l'autre, et... Je l'entends venir ; le voilà.

Scène 6

CLÉONTE, *en Turc, avec trois pages portant sa veste*[1], MONSIEUR JOURDAIN, COVIELLE, *déguisé.*

CLÉONTE. *Ambousahim oqui boraf, Iordina, salamalequi*[2].

COVIELLE, *à M. Jourdain.* C'est-à-dire : « Monsieur Jourdain, votre cœur soit toute l'année comme un rosier fleuri. » Ce sont façons de parler obligeantes de ces pays-là.

MONSIEUR JOURDAIN. Je suis très humble serviteur de Son Altesse Turque.

COVIELLE. *Carigar camboto oustin moraf.*

CLÉONTE. *Oustin yoc*[3] *catamalequi basum base alla moran.*

COVIELLE. Il dit « que le Ciel vous donne la force des lions et la prudence des serpents ».

MONSIEUR JOURDAIN. Son Altesse Turque m'honore trop, et je lui souhaite toutes sortes de prospérités.

COVIELLE. *Ossa binamen sadoc babally oracaf ouram.*

---

1. **Veste :** au XVIIe siècle, chez les Orientaux, la veste est un habit de dessous, dont les longs pans sont portés par des pages.
2. **Salamalequi :** déformation pour « salamalec », terme arabe de salutation signifiant « que la paix soit sur ta tête ».
3. ***Yoc* :** terme turc signifiant « non ».

CLÉONTE. *Bel-men*[1].

COVIELLE. Il dit que vous alliez vite avec lui vous préparer pour la cérémonie, afin de voir ensuite votre fille et de conclure le mariage.

MONSIEUR JOURDAIN. Tant de choses en deux mots ?

COVIELLE. Oui, la langue turque est comme cela, elle dit beaucoup en peu de paroles. Allez vite où il souhaite.

Scène 7 DORANTE, *seul.*

COVIELLE. Ha ! ha ! ha ! Ma foi, cela est tout à fait drôle. Quelle dupe ! Quand il aurait appris son rôle par cœur, il ne pourrait pas le mieux jouer. Ah ! ah !

Scène 8 DORANTE, COVIELLE.

COVIELLE. Je vous prie, monsieur, de nous vouloir aider céans dans une affaire qui s'y passe.

DORANTE. Ah ! ah ! Covielle, qui t'aurait reconnu ? Comme te voilà ajusté[2] !

COVIELLE. Vous voyez. Ah ! ah !

---

1. ***Bel-men*** **:** expression turque signifiant « je ne sais pas ».
2. **Ajusté :** déguisé, arrangé.

DORANTE. De quoi ris-tu ?

COVIELLE. D'une chose, monsieur, qui la mérite bien.

DORANTE. Comment ?

COVIELLE. Je vous le donnerais en bien des fois, monsieur, à deviner le stratagème[1] dont nous nous servons auprès de monsieur Jourdain pour porter son esprit à donner sa fille à mon maître.

DORANTE. Je ne devine point le stratagème, mais je devine qu'il ne manquera pas de faire son effet, puisque tu l'entreprends.

COVIELLE. Je sais, monsieur, que la bête vous est connue[2].

DORANTE. Apprends-moi ce que c'est.

COVIELLE. Prenez la peine de vous tirer[3] un peu plus loin pour faire place à ce que j'aperçois venir. Vous pourrez voir une partie de l'histoire, tandis que je vous conterai le reste.

(La cérémonie turque pour ennoblir le Bourgeois se fait en danse et en musique, et compose le quatrième intermède.)

---

1. **Stratagème :** ruse.
2. **La bête vous est connue :** vous me connaissez bien.
3. **Tirer :** retirer.

La cérémonie turque

LE MUFTI[1], TURCS, DERVIS[2], *chantant et dansant,* MONSIEUR JOURDAIN, *vêtu à la turque, la tête rasée, sans turban et sans sabre.*

PREMIÈRE ENTRÉE DE BALLET

Six turcs entrent gravement, deux à deux, au son des instruments. Ils portent trois tapis, qu'ils lèvent fort haut, après en avoir fait, en dansant, plusieurs figures. Les Turcs chantant passent par-dessous ces tapis, pour s'aller ranger aux deux côtés du théâtre. Le Mufti, accompagné des Dervis, ferme cette marche.

Les Turcs étendent les tapis par terre et se mettent dessus à genoux. Le Mufti et les Dervis restent debout au milieu d'eux. Et pendant que le Mufti invoque Mahomet, en faisant beaucoup de contorsions et de grimaces, sans proférer une seule parole, les Turcs assistants se prosternent jusqu'à terre, chantant Alli, lèvent les bras au ciel en chantant Alla ; ce qu'ils continuent jusqu'à la fin de l'évocation. Alors ils se relèvent tous chantant Alla eckber (« Dieu est grand ») ; et deux Dervis vont chercher M. Jourdain.

LE MUFTI, *à Monsieur Jourdain.*

Se ti sabir[3],	Si toi savoir,
Ti respondir ;	Toi répondre ;
Se non sabir,	Si toi pas savoir,
Tazir, tazir.	Te taire, te taire.
Mi star Mufti.	Moi être mufti.
Ti qui star ti ?	Toi, qui être, toi ?
Non intendir ?	Pas entendre ?
Tazir, tazir.	Te taire, te taire.

(Deux Dervis font retirer Monsieur Jourdain.)

---

1. **Mufti :** chef de la religion musulmane, chargé d'interpréter le Coran.
2. **Dervis :** moines musulmans.
3. **Sabir :** il y a là un jeu de mots, car ces couplets sont précisément écrits en sabir, jargon mêlant le français, l'italien, l'espagnol et l'arabe, parlé dans les ports du Maghreb et du Moyen-Orient.

	LE MUFTI
Dice, Turque, qui star quista ?	Dis, Turc, qui être celui-là ?
Anabatista ? Anabatista ?	Anabaptiste ? Anabaptiste ?
	LES TURCS
Ioc.	Non.
	LE MUFTI
Zuinglista ?	Zwinglien[1] ?
	LES TURCS
Ioc.	Non.
	LE MUFTI
Coffita ?	Cophte[2] ?
	LES TURCS
Ioc.	Non.
	LE MUFTI
Hussita ? Morista ? Fronista ?	Hussite[3] ? More ? Phrontiste[4] ?
	LES TURCS
Ioc, ioc, ioc !	Non, non, non !
	LE MUFTI
Ioc, ioc, ioc ! Star Pagana ?	Non, non, non ! Être païen ?
	LES TURCS
Ioc.	Non.
	LE MUFTI
Luterana ?	Luthérien[5] ?
	LES TURCS
Ioc.	Non.
	LE MUFTI
Puritana ?	Puritain[6] ?

1. **Anabaptiste, zwinglien :** membre d'une certaine fraction de l'Église protestante.
2. **Cophte (ou copte) :** chrétien d'Égypte ou d'Éthiopie.
3. **Hussite :** partisan de Jan Hus, réformateur chrétien tchèque.
4. **Phrontiste :** contemplatif.
5. **Luthérien :** disciple de Luther, fondateur de l'Église protestante allemande.
6. **Puritain :** membre des sectes presbytériennes anglaises.

LES TURCS	
Ioc.	Non.
LE MUFTI	
Bramina ? Moffina ? Zurina ?	Bramine[1] ? … ? … ?
LES TURCS	
Ioc, ioc, ioc !	Non, non, non !
LE MUFTI	
Ioc, ioc, ioc !	Non, non, non !
Mahametana ? Mahametana ?	Mahométan ? Mahométan ?
LES TURCS	
Hi Valla. Hi Valla.	Oui, par Dieu. Oui, par Dieu.
Como chamara ? *(bis)*	Comment s'appelle-t-il ? *(bis)*
Giourdina. *(bis)*	Jourdain. *(bis)*
LE MUFTI, *sautant et regardant de côté et d'autre.*	
Gourdina ? *(ter)*	Jourdain ? *(ter)*
LES TURCS	
Giourdina. *(ter)*	Jourdain. *(ter)*
LE MUFTI	
Mahameta, per Giourdina,	Mahomet, pour Jourdain,
Mi pregar sera e matina,	Moi prier soir et matin.
Voler far un paladina	Vouloir faire un paladin
De Giourdina, de Giourdina,	De Jourdain, de Jourdain.
Dar turbanta é dar scarcina,	Donner turban et donner sabre,
Con galera é brigantina,	Avec galère et brigantine[2],
Per deffender Palestina.	Pour défendre la Palestine.
Mahameta, per Giourdina	Mahomet, pour Jourdain
Mi pregar sera e matina.	Moi prier soir et matin.
(Aux Turcs.)	
Star bon Turca, Giourdina ?	Est-il bon Turc, Jourdain ?
LES TURCS	
Hi Valla. Hi Valla !	Oui, par Dieu. Oui, par Dieu !

1. **Bramine :** hindouiste (brahmane). Les termes *Moffina* et *Zurina* sont sans doute inventés.
2. **Brigantine :** voilier léger à deux mâts.

LE MUFTI, *chantant et dansant.*

Ha, la, ba, ba, la, chou,	(On peut comprendre :)
ba, la, ba, ba, la, da.	Dieu, mon père, mon père, Dieu.

LES TURCS

Ha, la, ba, ba, la, chou, ba, la, ba, ba, la, da.

DEUXIÈME ENTRÉE DE BALLET

Le Mufti revient coiffé avec son turban de cérémonie, qui est d'une grosseur démesurée, et garni de bougies allumées à quatre ou cinq rangs ; il est accompagné de deux Dervis qui portent l'Alcoran[1] *et qui ont des bonnets pointus, garnis aussi de bougies allumées.*

Les deux autres Dervis amènent le Bourgeois, qui est tout épouvanté de cette cérémonie, et le font mettre à genoux, les mains par terre, de façon que son dos, sur lequel est mis l'Alcoran, serve de pupitre au Mufti. Le Mufti fait une seconde invocation burlesque, fronçant les sourcils et ouvrant la bouche, sans dire mot ; puis parlant avec véhémence, tantôt radoucissant sa voix, tantôt la poussant d'un enthousiasme à faire trembler, se tenant les côtes avec les mains comme pour faire sortir les paroles, frappant de temps en temps sur l'Alcoran, et tournant les feuillets avec précipitation. Après quoi, en levant les bras au ciel, le Mufti crie à haute voix : Hou ! Pendant cette seconde invocation, les Turcs assistants s'inclinent trois fois et trois fois se relèvent, en chantant aussi : Hou, hou, hou.

MONSIEUR JOURDAIN, *après qu'on lui a ôté l'Alcoran de dessus le dos.* Ouf !

LE MUFTI, *à Monsieur Jourdain.*

Ti non star furba ?	Toi n'être pas fourbe ?

LES TURCS

No, no, no !	Non, non, non !

LE MUFTI

Non star forfanta ?	N'être pas imposteur ?

LES TURCS

No, no, no !	Non, non, non !

---

1. **Alcoran :** Coran.

LE MUFTI

Donar turbanta. *(bis)*	Donner turban. *(bis)*

LES TURCS

Ti non star furba ?	Toi n'être pas fourbe ?
No, no, no.	Non, non, non.
Non star forfanta ?	N'être pas imposteur ?
No, no, no.	Non, non, non.
Donar turbanta. *(bis)*	Donner turban. *(bis)*

TROISIÈME ENTRÉE DE BALLET

Les Turcs, dansant et chantant, mettent le turban sur la tête de Monsieur Jourdain au son des instruments.

LE MUFTI, *donnant le sabre à Monsieur Jourdain.*

Ti star nobile, non star fabbola.	Toi être noble, ce n'est pas une fable.
Pigliar schiabbola.	Prends le sabre.

LES TURCS, *mettant tous le sabre à la main, reprennent ces paroles.*

QUATRIÈME ENTRÉE DE BALLET

Les Turcs, dansant, donnent en cadence plusieurs coups de sabre à Monsieur Jourdain.

LE MUFTI

Dara, dara.	Donnez, donnez
Bastonnara. *(ter)*	Bastonnade. *(ter)*

LES TURCS *reprennent ces paroles.*

CINQUIÈME ENTRÉE DE BALLET

Les Turcs, dansant, donnent à Monsieur Jourdain des coups de bâton en cadence.

LE MUFTI

Non tener honta ;	N'avoir pas honte ;
Questa star l'ultimz affronta.	Ceci être le dernier affront.

Le Mufti commence une troisième invocation. Les Dervis le soutiennent par-dessous le bras avec respect ; après quoi les Turcs chantant et dansant, sautant autour du Mufti, se retirent avec lui et emmènent Monsieur Jourdain.

ACTE V

Scène 1 MADAME JOURDAIN, MONSIEUR JOURDAIN.

MADAME JOURDAIN. Ah ! mon Dieu ! miséricorde ! Qu'est-ce que c'est donc que cela ? Quelle figure ![1] Est-ce un momon[2] que vous allez porter ; et est-il temps d'aller en masque ? Parlez donc, qu'est-ce que c'est que ceci ? Qui vous a fagoté comme cela ?

MONSIEUR JOURDAIN. Voyez l'impertinente, de parler de la sorte à un *Mamamouchi* !

MADAME JOURDAIN. Comment donc ?

MONSIEUR JOURDAIN. Oui, il me faut porter du respect maintenant, et l'on vient de me faire *Mamamouchi.*

MADAME JOURDAIN. Que voulez-vous dire avec votre *Mamamouchi* ?

MONSIEUR JOURDAIN. *Mamamouchi*, vous dis-je. Je suis *Mamamouchi.*

MADAME JOURDAIN. Quelle bête est-ce là ?

MONSIEUR JOURDAIN. *Mamamouchi*, c'est-à-dire, en notre langue, paladin.

MADAME JOURDAIN. Baladin[3] ! Êtes-vous en âge de danser des ballets ?

MONSIEUR JOURDAIN. Quelle ignorante ! Je dis paladin ; c'est une dignité dont on vient de me faire la cérémonie.

MADAME JOURDAIN. Quelle cérémonie donc ?

MONSIEUR JOURDAIN. *Mahameta per Jordina.*

---

1. **Quelle figure ! :** quelle allure !
2. **Momon :** défi au jeu de dés que lancent des personnages masqués pendant le carnaval.
3. **Baladin :** danseur de ballet (avec une nuance péjorative).

MADAME JOURDAIN. Qu'est-ce que cela veut dire ?

MONSIEUR JOURDAIN. *Jordina,* c'est-à-dire Jourdain.

MADAME JOURDAIN. Hé bien quoi, Jourdain ?

MONSIEUR JOURDAIN. *Voler far un paladina de Jordina.*

MADAME JOURDAIN. Comment ?

MONSIEUR JOURDAIN. *Dar turbanta con galera.*

MADAME JOURDAIN. Qu'est-ce à dire cela ?

MONSIEUR JOURDAIN. *Per deffender Palestina.*

MADAME JOURDAIN. Que voulez-vous donc dire ?

MONSIEUR JOURDAIN. *Dara, dara, bastonara.*

MADAME JOURDAIN. Qu'est-ce donc que ce jargon-là ?

MONSIEUR JOURDAIN. *Non tener honta questa star l'ultima affronta.*

MADAME JOURDAIN. Qu'est-ce que c'est donc que tout cela ?

MONSIEUR JOURDAIN, *danse et chante. Hou la ba, ba la chou, ba la ba, ba la da. (Il tombe par terre.)*

MADAME JOURDAIN. Hélas ! mon Dieu, mon mari est devenu fou.

MONSIEUR JOURDAIN, *se relevant et sortant.* Paix, insolente ! portez respect à Monsieur le *Mamamouchi.*

MADAME JOURDAIN, *seule.* Où est-ce qu'il a donc perdu l'esprit ? Courons l'empêcher de sortir. *(Apercevant Dorimène et Dorante.)* Ah ! ah ! voici justement le reste de notre écu[1]. Je ne vois que chagrin de tous les côtés. *(Elle sort.)*

---

1. **Le reste de notre écu :** ce qui complète notre malheur.

Scène 2 DORANTE, DORIMÈNE.

DORANTE. Oui, madame, vous verrez la plus plaisante chose qu'on puisse voir ; et je ne crois pas que dans tout le monde il soit possible de trouver encore un homme aussi fou que celui-là : et puis, madame, il faut tâcher de servir l'amour de Cléonte, et d'appuyer toute sa mascarade[1]. C'est un fort galant homme et qui mérite que l'on s'intéresse pour lui[2].

DORIMÈNE. J'en fais beaucoup de cas, et il est digne d'une bonne fortune[3].

DORANTE. Outre cela, nous avons ici, madame, un ballet qui nous revient, que nous ne devons pas laisser perdre, et il faut bien voir si mon idée pourra réussir.

DORIMÈNE. J'ai vu là des apprêts magnifiques, et ce sont des choses, Dorante, que je ne puis plus souffrir. Oui, je veux enfin vous empêcher vos profusions ; et, pour rompre le cours à toutes les dépenses que je vous vois faire pour moi, j'ai résolu de me marier promptement avec vous. C'en est le vrai secret, et toutes ces choses finissent avec le mariage.

DORANTE. Ah ! madame, est-il possible que vous ayez pu prendre pour moi une si douce résolution ?

DORIMÈNE. Ce n'est que pour vous empêcher de vous ruiner ; et sans cela je vois bien qu'avant qu'il fût peu, vous n'auriez pas un sou.

DORANTE. Que j'ai d'obligation, madame, aux soins que vous avez de conserver mon bien ! Il est entièrement à vous, aussi bien que mon cœur, et vous en userez de la façon qu'il vous plaira.

DORIMÈNE. J'userai bien de tous les deux. Mais voici votre homme : la figure en est admirable.

---

1. **Mascarade :** travestissement.
2. **Que l'on s'intéresse pour lui :** qu'on prenne parti pour lui, qu'on lui apporte son soutien.
3. **Bonne fortune :** destinée heureuse.

Scène 3 Monsieur Jourdain, Dorante, Dorimène.

Dorante. Monsieur, nous venons rendre hommage, madame, et moi, à votre nouvelle dignité, et nous réjouir avec vous du mariage que vous faites de votre fille avec le fils du Grand Turc.

Monsieur Jourdain, *après avoir fait les révérences à la turque.* Monsieur, je vous souhaite la force des serpents et la prudence des lions.

Dorimène. J'ai été bien aise d'être des premières, monsieur, à venir vous féliciter du haut degré de gloire où vous êtes monté.

Monsieur Jourdain. Madame, je vous souhaite toute l'année votre rosier fleuri ; je vous suis infiniment obligé de prendre part aux honneurs qui m'arrivent, et j'ai beaucoup de joie de vous voir revenue ici pour vous faire les très humbles excuses de l'extravagance de ma femme.

Dorimène. Cela n'est rien ; j'excuse en elle un pareil mouvement : votre cœur lui doit être précieux, et il n'est pas étrange que la possession d'un homme comme vous puisse inspirer quelques alarmes.

Monsieur Jourdain. La possession de mon cœur est une chose qui vous est toute acquise.

Dorante. Vous voyez, madame, que monsieur Jourdain n'est pas de ces gens que les prospérités aveuglent, et qu'il sait, dans sa gloire, connaître encore ses amis.

Dorimène. C'est la marque d'une âme tout à fait généreuse.

Dorante. Où est donc Son Altesse Turque ? Nous voudrions bien, comme vos amis, lui rendre nos devoirs.

Monsieur Jourdain. Le voilà qui vient, et j'ai envoyé quérir[1] ma fille pour lui donner la main[2].

---

1. **Quérir :** chercher.
2. **Lui donner la main :** décider de son mariage.

Scène 4 CLÉONTE, *habillé en Turc*, COVIELLE, MONSIEUR JOURDAIN, *etc.*

DORANTE, *à Cléonte.* Monsieur, nous venons faire la révérence à Votre Altesse, comme amis de monsieur votre beau-père, et l'assurer avec respect de nos très humbles services.

MONSIEUR JOURDAIN. Où est le truchement[1], pour lui dire qui vous êtes et lui faire entendre ce que vous dites ? Vous verrez qu'il vous répondra ; et il parle turc à merveille. Holà ! où diantre est-il allé ? *(À Cléonte.) Strouf, strif, strof, straf.* Monsieur est un *grande segnore, grande segnore, grande segnore* ; et madame une *granda dama, granda dama. (Voyant qu'il ne se fait point entendre.)* Ahi ! *(À Cléonte, montrant Dorante.)* Lui, monsieur, lui *Mamamouchi* français et madame, *Mamamouchie* française. Je ne puis pas parler plus clairement. Bon ! voici l'interprète.

Scène 5 MONSIEUR JOURDAIN, DORIMÈNE, DORANTE, CLÉONTE, *en Turc*, COVIELLE, *déguisé.*

MONSIEUR JOURDAIN. Où allez-vous donc ? Nous ne saurions rien dire sans vous. *(Montrant Cléonte.)* Dites-lui un peu que monsieur et madame sont des personnes de grande qualité[2] qui lui viennent faire la révérence comme mes amis, et l'assurer de leurs services. *(À Dorimène et à Dorante.)* Vous allez voir comme il va répondre.

---

1. **Truchement :** intermédiaire, interprète.
2. **De grande qualité :** de haute noblesse.

COVIELLE. *Alabala crociam acci boram alabamen.*

CLÉONTE. *Catalequi tubal ourin soter amalouchan.*

MONSIEUR JOURDAIN, *à Dorimène et à Dorante.* Voyez-vous ?

COVIELLE. Il dit que la pluie des prospérités arrose en tout temps le jardin de votre famille.

MONSIEUR JOURDAIN. Je vous l'avais bien dit, qu'il parle turc !

DORANTE. Cela est admirable.

Scène 6

LUCILE, MONSIEUR JOURDAIN, DORANTE, DORIMÈNE, CLÉONTE, COVIELLE.

MONSIEUR JOURDAIN. Venez, ma fille ; approchez-vous, et venez donner votre main à monsieur, qui vous fait l'honneur de vous demander en mariage.

LUCILE. Comment ! mon père, comme vous voilà fait ! Est-ce une comédie que vous jouez ?

MONSIEUR JOURDAIN. Non, non, ce n'est pas une comédie, c'est une affaire fort sérieuse, et la plus pleine d'honneur pour vous qui se peut souhaiter. *(Montrant Cléonte.)* Voilà le mari que je vous donne.

LUCILE. À moi, mon père ?

MONSIEUR JOURDAIN. Oui, à vous. Allons, touchez-lui dans la main, et rendez grâce au ciel de votre bonheur.

LUCILE. Je ne veux point me marier.

MONSIEUR JOURDAIN. Je le veux, moi, qui suis votre père.

LUCILE. Je n'en ferai rien.

MONSIEUR JOURDAIN. Ah ! que de bruit ! Allons, vous dis-je. Çà, votre main.

LUCILE. Non, mon père, je vous l'ai dit, il n'est point de pouvoir qui me puisse obliger à prendre un autre mari que Cléonte ; et je me résoudrai plutôt à toutes les extrémités, que de... *(Reconnaissant Cléonte.)* Il est vrai que vous êtes mon père, je vous dois entière obéissance ; et c'est à vous à disposer de moi selon vos volontés.

MONSIEUR JOURDAIN. Ah ! je suis ravi de vous voir si promptement revenue dans votre devoir ; et voilà qui me plaît d'avoir une fille obéissante.

Scène 7

MADAME JOURDAIN, MONSIEUR JOURDAIN, CLÉONTE, LUCILE, DORANTE, DORIMÈNE, COVIELLE.

MADAME JOURDAIN. Comment donc ? qu'est-ce que c'est que ceci ? On dit que vous voulez donner votre fille en mariage à un carême-prenant[1] ?

MONSIEUR JOURDAIN. Voulez-vous vous taire, impertinente ? Vous venez toujours mêler vos extravagances à toutes choses, et il n'y a pas moyen de vous apprendre à être raisonnable.

MADAME JOURDAIN. C'est vous qu'il n'y a pas moyen de rendre sage, et vous allez de folie en folie. Quel est votre dessein, et que voulez-vous faire avec cet assemblage[2] ?

MONSIEUR JOURDAIN. Je veux marier notre fille avec le fils du Grand Turc.

MADAME JOURDAIN. Avec le fils du Grand Turc ?

MONSIEUR JOURDAIN, *montrant Covielle.* Oui. Faites-lui faire vos compliments par le truchement que voilà.

---

1. **Carême-prenant :** Mardi-Gras, et, par extension, personne déguisée pendant le carnaval. Ici, personne ridiculement vêtue.
2. **Assemblage :** mariage.

MADAME JOURDAIN. Je n'ai que faire du truchement, et je lui dirai bien moi-même, à son nez, qu'il n'aura point ma fille.

MONSIEUR JOURDAIN. Voulez-vous vous taire, encore une fois ?

DORANTE. Comment ! Madame Jourdain, vous vous opposez à un bonheur comme celui-là ? Vous refusez Son Altesse Turque pour gendre ?

MADAME JOURDAIN. Mon Dieu, monsieur, mêlez-vous de vos affaires.

DORIMÈNE. C'est une grande gloire, qui n'est pas à rejeter.

MADAME JOURDAIN. Madame, je vous prie aussi de ne vous point embarrasser de ce qui ne vous touche pas.

DORANTE. C'est l'amitié que nous avons pour vous qui nous fait intéresser dans vos avantages[1].

MADAME JOURDAIN. Je me passerai bien de votre amitié.

DORANTE. Voilà votre fille qui consent aux volontés de son père.

MADAME JOURDAIN. Ma fille consent à épouser un Turc ?

DORANTE. Sans doute.

MADAME JOURDAIN. Elle peut oublier Cléonte ?

DORANTE. Que ne fait-on pas pour être grand'dame ?

MADAME JOURDAIN. Je l'étranglerais de mes mains, si elle avait fait un coup comme celui-là.

MONSIEUR JOURDAIN. Voilà bien du caquet. Je vous dis que ce mariage-là se fera.

MADAME JOURDAIN. Je vous dis, moi, qu'il ne se fera point.

MONSIEUR JOURDAIN. Ah ! que de bruit !

LUCILE. Ma mère !

MADAME JOURDAIN. Allez, vous êtes une coquine.

MONSIEUR JOURDAIN, *à Madame Jourdain.* Quoi ! vous la querellez de ce qu'elle m'obéit ?

MADAME JOURDAIN. Oui, elle est à moi aussi bien qu'à vous.

---

1. **Avantages :** intérêts.

COVIELLE, *à Madame Jourdain.* Madame !

MADAME JOURDAIN. Que me voulez-vous conter, vous ?

COVIELLE. Un mot.

MADAME JOURDAIN. Je n'ai que faire de votre mot.

COVIELLE, *à Monsieur Jourdain.* Monsieur, si elle veut écouter une parole en particulier, je vous promets de la faire consentir à ce que vous voulez.

MADAME JOURDAIN. Je n'y consentirai point.

COVIELLE. Écoutez-moi seulement.

MADAME JOURDAIN. Non.

MONSIEUR JOURDAIN, *à Madame Jourdain.* Écoutez-le.

MADAME JOURDAIN. Non, je ne veux pas écouter.

MONSIEUR JOURDAIN. Il vous dira...

MADAME JOURDAIN. Je ne veux point qu'il me dise rien.

MONSIEUR JOURDAIN. Voilà une grande obstination de femme ! Cela vous fera-t-il mal, de l'entendre ?

COVIELLE. Ne faites que m'écouter, vous ferez après ce qu'il vous plaira.

MADAME JOURDAIN. Hé bien, quoi ?

COVIELLE, *à part à Madame Jourdain.* Il y a une heure, madame, que nous vous faisons signe. Ne voyez-vous pas bien que tout ceci n'est fait que pour nous ajuster aux visions de votre mari, que nous l'abusons sous ce déguisement, et que c'est Cléonte lui-même qui est le fils du Grand Turc ?

MADAME JOURDAIN, *bas à Covielle.* Ah ! ah !

COVIELLE, *bas à Madame Jourdain.* Et moi, Covielle, qui suis le truchement.

MADAME JOURDAIN, *bas à Covielle.* Ah ! comme cela je me rends.

COVIELLE, *bas à Madame Jourdain.* Ne faites pas semblant de rien[1].

---

1. **Ne faites pas semblant de rien :** faites comme si de rien n'était.

MADAME JOURDAIN, *haut.* Oui, voilà qui est fait, je consens au mariage.

MONSIEUR JOURDAIN. Ah ! voilà tout le monde raisonnable. *(À Madame Jourdain.)* Vous ne vouliez pas l'écouter. Je savais bien qu'il vous expliquerait ce que c'est que le fils du Grand Turc.

MADAME JOURDAIN. Il me l'a expliqué comme il faut, et j'en suis satisfaite. Envoyons quérir un notaire.

DORANTE. C'est fort bien dit. Et afin, Madame Jourdain, que vous puissiez avoir l'esprit tout à fait content, et que vous perdiez aujourd'hui toute la jalousie que vous pourriez avoir conçue de monsieur votre mari, c'est que nous nous servirons du même notaire pour nous marier, madame, et moi.

MADAME JOURDAIN. Je consens aussi à cela.

MONSIEUR JOURDAIN, *bas à Dorante.* C'est pour lui faire accroire[1] ?

DORANTE, *bas à Monsieur Jourdain.* Il faut bien l'amuser avec cette feinte.

MONSIEUR JOURDAIN, *bas.* Bon, bon ! *(Haut.)* Qu'on aille vite quérir le notaire.

DORANTE. Tandis qu'il viendra et qu'il dressera les contrats, voyons notre ballet, et donnons-en le divertissement à Son Altesse Turque.

MONSIEUR JOURDAIN. C'est fort bien avisé. Allons prendre nos places.

MADAME JOURDAIN. Et Nicole ?

MONSIEUR JOURDAIN. Je la donne au truchement ; et ma femme, à qui la voudra.

COVIELLE. Monsieur, je vous remercie. *(À part.)* Si l'on en peut voir un plus fou, je l'irai dire à Rome[2].
(La comédie finit par un petit ballet qui avait été préparé.)

---

1. **Faire accroire :** tromper.
2. **Si l'on en peut voir un plus fou, je l'irai dire à Rome :** expression proverbiale.

Clefs d'analyse Acte V, scènes 6 et 7

Action et personnages

1. Montrez que M. Jourdain ne s'étonne guère des invraisemblances (scène 7).
2. À quel moment Lucile révèle-t-elle un aspect inattendu de sa personnalité ? Pourquoi ? Pourquoi change-t-elle soudain d'avis ?
3. Mme Jourdain parvient-elle à mettre en péril le dénouement ? Pourquoi Molière n'a-t-il pas souhaité qu'elle fût mise dans la confidence ? En quoi ce choix permet-il à la scène 7 de constituer une répétition de la scène 6 ?
4. En quoi la folie de M. Jourdain permet-elle ce dénouement heureux ? M. Jourdain revient-il finalement à la raison ? Faut-il voir dans cette ultime absence de lucidité une « morale de l'histoire » ou l'objectif de Molière est-il autre ?
5. Comment les deux intrigues se sont-elles résolues ? Quel personnage a joué un rôle-clé ?
6. M. Jourdain est-il le seul à avoir été dupé ? Dans quelle mesure d'autres personnages ont-ils aussi été trompés ?

Langue

7. Scène 6, quelle modalité de phrase prédomine dans la bouche de Lucile ; que peut-on en déduire ?
8. Scène 7, quelle modalité de phrase prédomine dans la bouche de Mme Jourdain ? Pourquoi ? Jusque quand ? Quelle modalité de phrase prédomine ensuite ? Que signifie ce basculement ?
9. Quel est l'effet produit par le grand nombre de répliques courtes que comporte la scène 7 ? Quel est l'effet produit par les répliques plus longues de Dorante dans cette scène ?

Genre ou thèmes

10. Quels sont les types de comique exploités par Molière dans ces dernières scènes ? En quoi sont-ils amplifiés dans la scène 7 ?

Clefs d'analyse Acte V, scènes 6 et 7

11. Montrez comment la scène 7 est construite et distinguez-en les différents mouvements.
12. Dans le dénouement d'une comédie, tous les personnages positifs doivent être heureux. Est-ce le cas ici ? Quelle est l'originalité de ce dénouement ?
13. Quelles invraisemblances pouvez-vous repérer dans ces dernières scènes ? Cela vous paraît-il gênant ? Pourquoi ?
14. Expliquez le fonctionnement et l'intérêt dramaturgique des apartés utilisés dans la dernière scène.

Écriture

15. À la suite de la scène 7, M. Jourdain comprend soudain qu'il a été trompé. Imaginez sa réaction et celle des autres personnages sous forme de dialogue.
16. Molière écrit à un ami pour lui expliquer la manière dont il a imaginé son dénouement ; rédigez cette lettre.

Pour aller plus loin

17. Pourquoi les metteurs en scène placent-ils généralement l'acteur jouant M. Jourdain au centre de la scène ?
18. Comparez ce dénouement à celui d'autres pièces. Quelles sont les différences ? Les points communs ?

✻ À retenir

Habituellement, le dénouement d'une pièce consiste en la reconstitution d'une vérité totale et assure les héros positifs d'un avenir heureux, le plus souvent, comme ici, le mariage. Ici, la première composante est modifiée : si tous les personnages sont effectivement réunis, tous ne comprennent pas pleinement ce qui est en train de se passer. Les uns jouent la comédie aux autres, en une sorte de « théâtre dans le théâtre ».

BALLET DES NATIONS

Première entrée

Un homme vient donner les livres du ballet, qui d'abord est fatigué[1] *par une multitude de gens de provinces différentes qui crient en musique pour en avoir, et par trois importuns qu'il trouve toujours sur ses pas.*

DIALOGUE DES GENS *qui, en musique, demandent des livres.*

TOUS
À moi, monsieur, à moi de grâce, à moi, monsieur :
Un livre, s'il vous plaît, à votre serviteur.

HOMME DU BEL AIR[2]
Monsieur, distinguez-nous parmi les gens qui crient.
Quelques livres ici ; les dames vous en prient.

AUTRE HOMME DU BEL AIR
Holà, monsieur ! Monsieur, ayez la charité
D'en jeter de notre côté.

FEMME DU BEL AIR
Mon Dieu, qu'aux personnes bien faites[3]
On sait peu rendre honneur céans[4] !

AUTRE FEMME DU BEL AIR
Ils n'ont des livres et des bancs
Que pour mesdames les grisettes[5].

GASCON
Aho ! l'homme aux livres, qu'on m'en vaille[6].
J'ai déjà lé poumon usé ;

---

1. **Qui d'abord est fatigué :** qui est immédiatement importuné (« qui » reprend l'« homme »).
2. **Du bel air :** aux manières raffinées et élégantes.
3. **Bien faites :** distinguées.
4. **Céans :** ici.
5. **Grisettes :** femmes coquettes de condition modeste.
6. **Vaille :** baille. Molière se moque de l'accent gascon, qui remplace le « b » par le « v ».

Bous voyez qué chacun mé raille,
Et jé suis escandalisé
De boir ès mains de la canaille
Ce qui m'est par bous refusé.

AUTRE GASCON

Eh ! cadédis[1], monseu, boyez qui l'on pût être ;
Un libret, je bous prie, au varon d'Asbarat.
Jé pensé, mordi ! qué lé fat
N'a pas l'honnur dé mé connaître.

LE SUISSE

Mon'siur le donneur de papieir,
Que veul dir sti façon de fifre[2],
Moi l'écorchair tout mon gosieir
À crieir,
Sans que je pouvre afoir ein lifre ;
Pardi, mon foi, mon'siur, je pense fous l'être ifre.

VIEUX BOURGEOIS BABILLARD

De tout ceci, franc et net,
Je suis mal satisfait ;
Et cela sans doute est laid
Que notre fille,
Si bien faite et si gentille,
De tant d'amoureux l'objet,
N'ait pas à son souhait
Un livre de ballet,
Pour lire le sujet
Du divertissement qu'on fait,
Et que toute notre famille
Si proprement s'habille,
Pour être placée au sommet
De la salle, où l'on met
Les gens de Lantriguet[3] :
De tout ceci, franc et net,

---

1. **Cadédis :** juron gascon, signifiant « par la tête de Dieu ».
2. **Fifre :** vivre. Molière se moque ici de la prononciation suisse alémanique.
3. **Lantriguet :** nom breton de Tréguier.

Je suis mal satisfait,
Et cela sans doute est laid.

VIEILLE BOURGEOISE BABILLARDE

Il est vrai que c'est une honte,
Le sang au visage me monte,
Et ce jeteur de vers qui manque au capital[1],
L'entend fort mal ;
C'est un brutal,
Un vrai cheval,
Franc animal,
De faire si peu de compte
D'une fille qui fait l'ornement principal
Du quartier du Palais-Royal,
Et que ces jours passés un comte
Fut prendre la première au bal.
Il l'entend mal,
C'est un brutal,
Un vrai cheval,
Franc animal.

HOMMES ET FEMMES DU BEL AIR

Ah ! quel bruit !
Quel fracas !
Quel chaos !
Quel mélange !
Quelle confusion !
Quelle cohue étrange !
Quel désordre !
Quel embarras !
On y sèche.
L'on n'y tient pas.

GASCON

Bentré ! jé suis à vout.

AUTRE GASCON

J'enragé, Diou mé damne.

1. **Au capital :** à l'essentiel.

SUISSE
Ah ! que ly faire saif dans sty sal de cians.

GASCON
Jé murs.

AUTRE GASCON
Jé perds la tramontane[1].

SUISSE
Mon foi ! moi je foudrais être hors de dedans.

VIEUX BOURGEOIS BABILLARD
Allons, ma mie,
Suivez mes pas,
Je vous en prie.
Et ne me quittez pas,
On fait de nous trop peu de cas,
Et je suis las
De ce tracas :
Tout ce fatras,
Cet embarras,
Me pèse par trop sur les bras.
S'il me prend jamais envie
De retourner de ma vie
À ballet ni comédie,
Je veux bien qu'on m'estropie.
Allons, ma mie,
Suivez mes pas,
Je vous en prie,
Et ne me quittez pas,
On fait de nous trop peu de cas.

VIEILLE BOURGEOISE BABILLARDE
Allons, mon mignon, mon fils[2],
Regagnons notre logis,
Et sortons de ce taudis

---

1. **Jé perds la tramontane :** je perds mon repère, je ne sais plus où j'en suis (la tramontane désigne l'étoile polaire, qui servait de repère aux navigateurs).
2. **Mon fils :** terme affectueux utilisé par une femme s'adressant à son mari.

Où l'on ne peut être assis ;
Ils seront bien ébaubis[1]
Quand ils nous verront partis.
Trop de confusion règne dans cette salle,
Et j'aimerais mieux être au milieu de la halle ;
Si jamais je reviens à semblable régale[2],
Je veux bien recevoir des soufflets plus de six.
Allons, mon mignon, mon fils,
Regagnons notre logis,
Et sortons de ce taudis
Où l'on ne peut être assis.

TOUS

À moi, monsieur, à moi, de grâce, à moi, monsieur :
Un livre, s'il vous plaît, à votre serviteur.

Deuxième entrée

Les trois importuns dansent.

Troisième entrée

Trois Espagnols chantent.

PREMIER ESPAGNOL, *chantant.*

Sé que me muero de amor,	Je sais que je meurs d'amour,
Y solicito el dolor.	Et je recherche la douleur.
Aun muriendo de querer	Quoique mourant de désir,
De tan buen ayre adolezco	Je dépéris de si bon air
Que es mas de lo que padezco	Que ce que je désire souffrir,
Lo que quiero padecer	Est plus que ce que je souffre ;
Y no pudiendo exceder	Et la rigueur de mon mal
A mi deseo el rigor.	Ne peut excéder mon désir.
Sé que me muero de amor,	Je sais que je meurs d'amour

1. **Ébaubis :** très surpris.
2. **Régale :** repas organisé en l'honneur de quelqu'un.

Y solicito el dolor.	Et je recherche la douleur.
Lisonxeame la suerte	Le sort me flatte
Con piedad tan advertida,	Avec une pitié si attentive
Que me assegura la vida	Qu'il m'assure la vie
En el riesgo de la muerte	Dans le danger et la mort.
Vivir de su golpe fuerte	Vivre d'un coup si fort
Es de mi salud primor.	Est le prodige de mon salut.
Sé que me muero de amor,	Je sais que je meurs d'amour,
Y solicito el dolor.	Et je recherche la douleur.

Danse de six Espagnols, après laquelle deux autres Espagnols dansent encore ensemble.

PREMIER ESPAGNOL, *chantant.*

Ay ! que locura, con tanto rigor	Ah ! Quelle folie de se plaindre !
Quexarse de Amor	Si fort de l'Amour ;
Del niño bonito	De l'enfant gentil
Que todo es dulçura	Qui est la douceur même !
Ay ! que locura !	Ah ! Quelle folie !
Ay ! que locura !	Ah ! Quelle folie !

DEUXIÈME ESPAGNOL, *chantant.*

El dolor solicita	La douleur tourmente
El que al dolor se da	Celui qui s'abandonne à la douleur ;
Y nadie de amor muere	Et personne ne meurt d'amour,
Sino quien no save amar.	Si ce n'est celui qui ne sait pas aimer.

PREMIER ET DEUXIÈME ESPAGNOL, *chantant.*

Dulce muerte es el amor	L'amour est une douce mort,
Con correspondencia igual,	Quand on est payé de retour ;
Y si esta gozamos hoy	Et nous en jouissons aujourd'hui,
Porque la quieres turbar ?	Pourquoi la veux-tu troubler ?

PREMIER ESPAGNOL, *chantant.*

Alegrese enamorado	Que l'amant se réjouisse
Y tome mi parecer	Et adopte mon avis ;
Que en esto de querer	Car, lorsqu'on désire,
Todo es hallar el vado.	Tout est de trouver le moyen.

TOUS TROIS ENSEMBLE

Vaya, vaya de fiestas !	Allons ! Allons ! Des fêtes !
Vaya de vayle !	Allons ! De la danse !

Alegria, alegria, alegria !	Gai, gai, gai !
Que esto de dolor es fantasia !	La douleur n'est qu'imagination !

Quatrième entrée

ITALIENS

UNE MUSICIENNE ITALIENNE *fait le premier récit, dont voici les paroles.*

Di rigori armata il seno	Ayant armé mon sein de rigueurs,
Contro amor mi ribellai,	En un clin d'œil je me révoltai [contre l'Amour
Ma fui vinta in un baleno	Mais je fus vaincue
In mirar duo vaghi rai,	En regardant deux beaux yeux.
Ahi ! che resiste puoco	Ah ! Qu'un cœur de glace
Cor di gelo a stral di fuoco !	Résiste peu à une flèche de feu.
Ma si caro è'l mio tormento,	Cependant mon tourment m'est [si cher,
Dolce è sí la piaga mia,	Et ma plaie m'est si douce,
Ch'il penare è'l mio contento	Que ma peine fait mon bonheur,
E'l sanarmi è tirannia.	Et que me guérir serait une tyrannie.
Ahi ! che più giova, e piace	Ah ! Plus l'amour est vif,
Quanto amor è più vivace !	Plus il y a de joie et de plaisir.

Après l'air que la musicienne a chanté, deux Scaramouches, deux Trivelins et un Arlequin[1] *représentent une nuit à la manière des comédiens italiens, en cadence.*

Un musicien italien se joint à la musicienne italienne, et chante avec elle les paroles qui suivent :

LE MUSICIEN ITALIEN

Bel tempo che vola	Le beau temps qui s'envole
Rapisce il contento ;	Emporte le plaisir :
D'Amor nella scola	À l'école d'Amour
Si coglie il momento.	On apprend à profiter du moment.

LA MUSICIENNE

Insin che florida	Tant que rit
Ride l'età	L'âge fleuri,

1. **Scaramouche, Trivelins, Arlequin :** personnages de la comédie italienne.

Che pur tropp' orrida	Qui trop promptement, hélas !
Da noi sen và.	S'éloigne de nous.

TOUS DEUX

Sù cantiamo,	Chantons,
Sù godiamo	Jouissons,
Né bei dì di gioventù :	Dans les beaux jours de la jeunesse :
Perduto ben non si racquista più.	Un bien perdu ne se recouvre plus.

LE MUSICIEN

Pupilla che vaga	Un bel œil
Mill' alme incatena,	Enchaîne mille cœurs
Fà dolce la piaga	Ses blessures sont douces ;
Felice la pena.	Le mal qu'il cause est un bonheur.

LA MUSICIENNE

Ma poiche frigida	Mais quand languit
Langue l'età,	L'âge glacé,
Più l'alma rigida	L'âme engourdie
Fiamme non ha.	N'a plus de feux.

TOUS DEUX

Sù cantiamo,	Chantons,
Sù godiamo	Jouissons,
Né bei dì di gioventù :	Dans les beaux jours de la jeunesse :
Perduto ben non si racquista più.	Un bien perdu ne se recouvre plus.

Après le dialogue italien, les Scaramouches et Trivelins dansent une réjouissance.

Cinquième entrée

FRANÇAIS

Deux musiciens poitevins dansent et chantent les paroles qui suivent.

PREMIER MENUET

PREMIER MUSICIEN

Ah ! qu'il fait beau dans ces bocages
Ah ! que le Ciel donne un beau jour !

AUTRE MUSICIEN

Le rossignol, sous ces tendres feuillages,
Chante aux échos son doux retour.
Ce beau séjour,
Ces doux ramages,
Ce beau séjour,
Nous invite à l'amour.

DEUXIÈME MENUET

TOUS DEUX ENEMBLES

Vois ma Climène,
Vois ? sous ce chêne
S'entre-baiser ces oiseaux amoureux.
Ils n'ont rien dans leurs vœux
Qui les gêne,
De leurs doux feux
Leur âme est pleine.
Qu'ils sont heureux !
Nous pouvons tous deux,
Si tu le veux,
Être comme eux.

Six autres Français viennent après, vêtus galamment à la poitevine, trois en hommes et trois en femmes, accompagnés de huit flûtes et de hautbois, et dansent les menuets.

Sixième entrée

Tout cela finit par le mélange des trois nations, et les applaudissements en danse et en musique de toute l'assistance, qui chante les deux vers qui suivent :

Quels spectacles charmants, quels plaisirs goûtons-nous !
Les Dieux mêmes, les Dieux, n'en ont point de plus doux.

Le genre

1. **À quel genre appartient *Le Bourgeois gentilhomme* ?**
   a. la comédie
   b. la comédie-ballet
   c. *la commedia dell'arte*
2. **Qui a inventé ce genre ?**
   a. Corneille
   b. Lully
   c. Molière
3. **À quels milieux sociaux appartiennent les principaux personnages de cette comédie ? (plusieurs réponses possibles)**
   a. le milieu paysan
   b. la bourgeoisie
   c. la noblesse
   d. le clergé
4. **À quel public la pièce est-elle d'abord destinée ?**
   a. le public parisien
   b. les bourgeois
   c. la cour
5. **Avec quel compositeur a collaboré Molière pour créer *Le Bourgeois gentilhomme* ?**
   a. Mozart
   b. Rameau
   c. Lully
6. **À quels moments les intermèdes chantés et dansés interviennent-ils ?**
   a. à la fin de chaque scène
   b. à la fin de chaque acte
   c. à la fin de la pièce
7. **La pièce elle écrite :**
   a. en prose
   b. en vers
   c. en prose et en vers

L'action

1. Parmi les actions suivantes, barrez celles qui n'ont pas lieu dans la pièce.

a. Monsieur Jourdain organise un repas-spectacle en l'honneur de Dorimène.
b. Dorante épouse Lucile.
c. Covielle est fâché contre Nicole.
d. Monsieur Jourdain reçoit des coups de bâton.
e. Madame Jourdain prend le parti de Lucile.
f. Monsieur Jourdain renvoie Nicole.
g. Nicole épouse Covielle.
h. Monsieur Jourdain offre un diamant à Madame Jourdain.
i. Madame Jourdain surprend son mari en galante compagnie.
j. Covielle se déguise en Turc.
k. Monsieur Jourdain épouse Dorimène.
l. Les professeurs de Monsieur Jourdain se battent.
m. Cléonte épouse Lucile.
n. Monsieur Jourdain se fâche contre son professeur de philosophie.
o. Cléonte est fâché contre Lucile.
p. Dorante emprunte de l'argent à Monsieur Jourdain.
q. Dorimène croit que Dorante organise un dîner-spectacle en son honneur.
r. Dorante épouse Dorimène.
s. Lucile se déguise en Turque.
t. Monsieur Jourdain se fâche contre son tailleur.
u. Dorimène accepte d'épouser Dorante.

2. Choisissez parmi les mots ou expressions de la liste suivante, et complétez le texte :

Dorimène - mathématique - vizir - prince ottoman - Arabe - paysan - Chinois - aristocratie - chant - Turc - noble - nombres - bourgeois - Lucile - mamamouchi - Mexicain - géographie - philosophie - danse - armes - roturier - prince charmant - Madame Jourdain - sultan.

Monsieur Jourdain est un .... qui veut devenir .... Pour cela, il souhaite acquérir tous les savoirs propres à l'................ : le .... , la .... , le maniement des .... et la .... Il voudrait également par là séduire la .... Dorimène, dont il est amoureux. Il s'oppose par ailleurs au mariage de sa fille Lucile avec le .... Cléonte. Le valet de Cléonte, Covielle, décide alors de mettre en œuvre une ruse : Cléonte, déguisé en .... , se fait passer pour un .... et demande à Monsieur Jourdain la main de .... , lui promettant que s'il accepte, il sera fait .... , c'est-à-dire seigneur turc. Monsieur Jourdain accepte – et la cérémonie commence.

Les personnages

Reliez chaque personnage à ses deux caractéristiques principales :

Personnages		Caractéristiques
1. Lucile	•	• ☐ intéressé
2. Le maître d'armes	•	• ☐ amoureux, -se
3. Dorimène	•	• ☐ jaloux, -se
4. Monsieur Jourdain	•	• ☐ colérique
5. Cléonte	•	• ☐ vaniteux, -se
6. Madame Jourdain	•	• ☐ plein(e) de bon sens
7. Covielle	•	• ☐ naïf, -ve
8. Dorante	•	• ☐ sans scrupule
		• ☐ franc, -che
		• ☐ rusé, -e
		• ☐ distingué, -e
		• ☐ dévoué, -e
		• ☐ sage
		• ☐ honnête
		• ☐ noble
		• ☐ ruiné

Les mots du XVIIe siècle

Associez à chaque mot du XVIIe siècle son synonyme au XXIe siècle.

mots du XVIIe siècle		synonymes au XXIe siècle
1. chansons	•	• I. veste courte
2. félicité	•	• II. pas du tout !
3. entendre	•	• III. donner
4. galant	•	• IV. coléreux
5. prendre la chèvre	•	• V. flatteries

6. camisole •	• VI. tout de suite
7. tout à l'heure •	• VII. mal tourné, mal bâti
8. magnifique •	• VIII. homme cultivé et bien élevé
9. quérir •	• IX. qui dépense sans compter
10. bergerie •	• X. relation(s)
11. bélître •	• XI. noble, aristocrate
12. caresses •	• XII. idée extravagante, folle
13. céans •	• XIII. élégant, raffiné
14. bâti •	• XIV. divertissement, petite fête offert organisé en l'honneur de quelqu'un
15. magnifique •	• XV. régaler d'un festin
16. personne de qualité •	• XVI. amour
17. officieux •	• XVII. cela suffit !
18. honnête homme •	• XVIII. qui ne regarde pas à la dépense
19. malitorne •	• XIX. chercher
20. tenir •	• XX. œuvre littéraire racontant les amours de bergers et de bergères
21. bailler •	• XXI. ici, à la maison
22. cadeau •	• XXII. serviable
23. flamme •	• XXIII. coquin, homme de rien
24. bilieux •	• XXIV. propos sans intérêt, sottises
25. baste ! •	• XXV. bonheur
26. tarare ! •	• XXVI. comprendre
27. festiner •	• XXVII. retenir
28. commerce •	• XXVIII. habillé
29. vision •	• XXIX. se fâcher

Les citations

Qui a dit quoi ? Rendez à chaque citation son auteur.

Madame Jourdain - Garçon tailleur - Nicole - maître d'armes - Monsieur Jourdain - maître de musique - Cléonte - Covielle.

1. « Tout le secret des armes ne consiste qu'en deux choses, à donner et à ne point recevoir. »
2. « Vous avez tout à fait bon air avec cet habit, et nous n'avons point de jeunes gens à la cour qui soient mieux faits que vous. »
3. « Une femme de qualité a pour moi des charmes ravissants, et c'est un honneur que j'achèterais au prix de toute chose. »
4. « Vous êtes si plaisant que je ne saurais me tenir de rire. »
5. « Sans la musique, un État ne peut subsister. »
6. « Je vais loin de vous mourir de douleur et d'amour. »
7. « Par ma foi ! Il y a plus de quarante ans que je dis de la prose sans que j'en susse rien. »
8. « Ce sont mes droits que je défends, et j'aurai pour moi toutes les femmes. »
9. « Sans la danse, un homme ne saurait rien faire. »
10. « Il n'y a rien de plus noble que cela dans le monde, et vous irez de pair avec les plus grands seigneurs de la terre. »
11. « Prenez, madame Jourdain, prenez de meilleures lunettes. »
12. « Est-ce que vous voulez apprendre à danser pour quand vous n'aurez plus de jambes ? »
13. « Tout cela sent un peu sa comédie, mais avec lui on peut hasarder toute chose. »
14. « Est-ce que les gens de qualité en ont ? »
15. « Monseigneur, nous allons boire tous à la santé de Votre Grandeur. »
16. « Qu'on est aisément amadoué par ces diantres d'animaux-là ! »
17. « Monsieur, je vous souhaite la force des serpents et la prudence des lions. »

Le langage du théâtre

Reliez les mots à leur définition :

Avez-vous bien lu ?

1. exposition
2. tragédie
3. réplique
4. dénouement
5. aparté
6. didascalie
7. hyperbole
8. comédie
9. monologue
10. tirade
11. coup de théâtre
12. péripétie
13. vraisemblance
14. entracte
15. acte
16. quiproquo
17. parodie
18. action
19. comédie-ballet
20. intermède
21. farce
22. pastorale
23. rebondissement
24. satire
25. mise en scène

a. parole prononcée par un personnage
b. partie d'une pièce de théâtre
c. texte critiquant les aspects blâmables ou
d. méprise qui consiste à prendre une personne ou
e. ensemble des événements qui constituent
f. qualité de ce qui est vraisemblable, c'est-à-dire
g. moment d'une pièce de théâtre où l'action est
h. récriture d'un texte par un autre auteur qui
railleuse.
i. pièce de théâtre dont le dénouement est
j. événement inattendu qui vient transformer
k. dernière partie de la pièce, qui comprend
l. longue réplique ininterrompue d'un personnage
m. paroles prononcées à part, pour ne pas que les
n. manière dont on choisit de représenter une
o. début d'une pièce de théâtre, dans lequel le
de la pièce.
p. pièce de théâtre entrecoupée d'intermèdes
q. au théâtre, incidents qui surviennent au cours
r. pièce de théâtre dont le dénouement est
de condition basse et/ou (le plus souvent) des
s. intervalle de temps entre deux actes, pendant
t. œuvre littéraire dont les personnages sont des
u. petite pièce comique populaire.
v. toute partie du texte théâtral par laquelle
w. moment où l'action est relancée par un coup de
x. exagération destinée à produire une plus forte
y. scène où un personnage seul ou se croyant seul

idicules d'un comportement, d'une société.
ıne chose pour une autre.
intrigue d'une pièce de théâtre.
onforme à ce que l'on pense possible dans la réalité.
ıterrompue par un spectacle dansé et/ou chanté.
n modifie l'intention et la portée, dans une visée le plus souvent critique ou

ıalheureux, et qui met en scène des personnages de haute condition
omplètement la situation.
élimination du dernier obstacle.
ui comporte une unité thématique.
ıtres personnages présents les entendent.
ièce de théâtre : mouvements, costumes, décors, etc.
pectateur reçoit toutes les informations nécessaires à sa bonne compréhension.

hantés et dansés.
e l'intrigue et en renversent le sens
eureux (le plus souvent un mariage), et qui met en scène des personnages
ourgeois.
quel peuvent survenir des événements.
ergers et des bergères.

auteur donne des indications sur la mise en scène.
ıéâtre (événement imprévu et décisif).
npression.
xprime à haute voix ses pensées et ses sentiments.

POUR APPROFONDIR

Thèmes et prolongements

✣ Le personnage du Bourgeois gentilhomme et ses interprètes

Les auteurs comiques du XVIIe siècle en général, et Molière en particulier, exploitent volontiers le thème de l'extravagance, comportement qui tient à la fois de la pathologie et de l'obsession. Le personnage extravagant devient le pivot de l'intrigue, et la source principale de comique : l'action peut alors être simplifiée, puisqu'elle tourne essentiellement autour du héros ridicule.

Comique et folie

Le héros comique est le plus souvent, et en particulier chez Molière, un fou – et Monsieur Jourdain en est l'un des meilleurs représentants. Il semble totalement prisonnier de ses obsessions, et se complaît de plus en plus joyeusement dans un monde imaginaire. Cependant, alors que ce délire pourrait l'enfermer dans une solitude pénible et angoissée, comme l'avare Harpagon ou le malade imaginaire Argan, la folie de Monsieur Jourdain demeure fondamentalement joyeuse, et sa solitude est une solitude voulue. Certes, comme Argan et Harpagon, il est prêt à tout pour modeler le réel (et en l'occurrence la vie de sa famille) conformément à sa folie, mais il espère surtout qu'on le laissera enfin rêver en paix. À cela, une explication simple : alors qu'un Orgon (personnage principal du *Tartuffe*), un Arnolphe (personnage principal de *L'École des femmes*), esclaves de leur idée fixe et dupés par les autres personnages, gardaient tout de même une certaine forme de lucidité, Monsieur Jourdain a perdu tout contact avec le réel. Par là s'explique son absence totale de méfiance devant les invraisemblances les plus flagrantes, les coïncidences les plus inexplicables (la ressemblance étrange du fils du Grand Turc et de Cléonte) et les revirements les plus brutaux (comme ceux de sa femme et de sa fille au dénouement). Toute la pièce se trouve grâce à lui emportée dans un délire bouffon et jubilatoire, enchanteur et carnavalesque, et le critique Sainte-Beuve parlera à juste titre d'une « œuvr[e] enlevé[e] par-delà le réel ».

Un personnage sympathique

Non sans paradoxe, c'est cette folie extrême qui arrache Monsieur Jourdain au jugement moral : en lui, le spectateur voit moins un fou dangereux (comme Arnolphe ou Orgon), qu'un doux rêveur, balourd, naïf et enfantin. Pourquoi ? D'abord parce que sa folie est, non seulement joyeuse, mais dynamique : Monsieur Jourdain a soif d'apprendre, fût-ce pour de mauvaises raisons ; il est aussi prompt à s'émerveiller devant ses nouvelles connaissances que devant la langue turque. Ensuite, parce que son absolue crédibilité et son enfermement dans un monde irréel le rendent foncièrement inoffensif.

Et après tout, il n'est pas le seul à vouloir être ce qu'il n'est pas, et à finir entièrement déguisé : le personnage de Dorante est là pour rappeler que les aristocrates, eux aussi, jouent la comédie et qu'ils usurpent eux aussi, à un degré ou à un autre, une identité.

Les interprétations successives du rôle de Monsieur Jourdain

Ce fut Molière lui-même qui, le premier, interpréta le rôle principal du *Bourgeois gentilhomme*. Déjà malade (il devait mourir deux ans plus tard), il incarna selon certains critiques un Monsieur Jourdain « maigre, petit, nerveux, agile » (Antoine Adam). Ce n'est pourtant pas la direction qu'ont suivie la plupart des interprètes du rôle, qui ont préféré donner du Bourgeois l'image d'un homme corpulent, lourd, épais, à la fois en raison de sa fortune (qui se traduit souvent au XVIIe siècle par l'embonpoint) et en raison de sa balourdise.

Après plusieurs interprétations insistant sur la maladresse du personnage et tendant vers la caricature, au moyen de grimaces et de mimiques exagérées, on a cependant assisté au début du XXe siècle à une sorte de réhabilitation du personnage mettant davantage en valeur sa gaieté et sa jovialité. Les deux types d'interprétation coexistent actuellement.

✣ Le théâtre, la musique et la danse à la cour de Louis XIV

Le Bourgeois gentilhomme frappe moins par la richesse de son intrigue que par les multiples talents que Molière y déploie. Au cœur d'une action qui n'apparaît bien souvent que comme un prétexte se succèdent en effet à un rythme effréné les sketches, les chorégraphies bouffonnes et les ballets verbaux, destinés à charmer un public de courtisans amateur de théâtre, de musique et de danse.

Une cour avide de spectacles

Le roi Louis XIV est un passionné de danse et de spectacles. Il fait donc organiser, pour lui-même et pour sa cour, des fêtes somptueuses dans les jardins de ses châteaux (Versailles, Chambord ou Saint-Germain-en-Laye). Ces fêtes durent souvent plusieurs jours, pendant lesquels alternent les jeux, les danses, les festins, les représentations théâtrales, les promenades et les feux d'artifice. Les meilleurs artistes sont engagés : Molière pour le théâtre, Lully, puis Charpentier pour la musique, Beauchamp pour la danse. L'entourage du roi dans son ensemble se montre lui aussi particulièrement friand de « ballets de cour », divertissements souvent un peu superficiels et composés par des courtisans plus ou moins doués.

La comédie-ballet, une invention moliéresque ?

Dans le prologue de *L'Amour médecin*, Molière convie la musique et le ballet à une solennelle réconciliation, « pour donner du plaisir au plus grand roi du monde ». Quatre ans plus tôt, la création de la pièce intitulée *Les Fâcheux* lui avait donné pour la première fois l'occasion d'associer la danse et le théâtre : pour que le spectacle fût plus divertissant, Molière avait décidé, écrit-il dans la Préface de la pièce, de « jeter des entrées de ballet dans les entractes », et il ajoute : « pour ne point rompre le fil de la pièce par ces manières d'intermèdes, on s'avisa de les coudre au sujet du mieux que l'on put, et de ne faire qu'une seule chose du ballet et de la comédie », composant ainsi un « mélange [...] nouveau pour nos théâtres ». Toutefois, si le genre de la comédie-ballet à proprement parler est inventé par Molière, cela ne signifie pas pour autant que d'autres auteurs n'avaient pas précédemment allié le théâtre et la musique : Molière se montre notamment en cela l'héritier du grand dramaturge grec Aristophane, qui, dès le Vᵉ siècle avant Jésus-Christ, associait poésie, théâtre et musique.

Le Bourgeois gentilhomme, un accomplissement

Molière réitérera tout au long de sa carrière ce type d'expérimentation dramaturgique – mais *Le Bourgeois gentilhomme* en constitue sans nul doute l'accomplissement. En effet, si dans *George Dandin* le ballet, qui ne fait qu'encadrer la comédie, s'accorde assez difficilement avec l'atmosphère plutôt sombre de la pièce, si dans *Le Malade imaginaire* comédie et ballet demeurent relativement séparés, *Le Bourgois gentilhomme* parvient à associer plus étroitement que jamais le théâtre et la musique : certes, le *Ballet des nations* paraît un peu artificiel (et de nombreux metteurs en scène choisissent aujourd'hui de ne pas le jouer), mais tous les autres intermèdes sont indispensables à l'action, et la musique se glisse à l'intérieur de la comédie elle-même : c'est le cas avec la leçon de musique bien sûr, mais aussi avec la chorégraphie sans musique que constitue la leçon d'escrime ou le ballet verbal que représente la scène de dépit amoureux entre Cléonte et Lucile d'une part, Covielle et Nicole d'autre part (scène souvent comparée à la danse du XVIIᵉ siècle appelée quadrille). Disloqué au cours de la leçon de phonétique, transformé en un charabia incompréhensible par le mélange des diverses langues parlées par les pseudo-Turcs, le langage lui-même se transforme en un matériau à la fois sonore et amusant : il est bel et bien l'ingrédient principal de ce mélange inédit de la musique et de la comédie.

✣ La satire sociale : nobles et bourgeois

À l'époque où écrit Molière se produit en France une évolution sociale décisive : la bourgeoisie achève d'accaparer la puissance économique qui va bientôt lui donner le goût du pouvoir politique – pouvoir dont elle s'emparera effectivement un siècle plus tard, avec la Révolution française.

Un bourgeois en quête de reconnaissance sociale : Monsieur Jourdain

Monsieur Jourdain représente une classe sociale en pleine ascension au XVIIe siècle : la bourgeoisie commerçante. Dans une société hiérarchisée selon trois ordres (Tiers-État, noblesse, clergé), certains marchands ou financiers amassaient en effet des fortunes considérables et supportaient mal d'être considérés comme des roturiers (membres du Tiers-État) alors même que leur fortune était bien supérieure à celle de nombreux aristocrates. Ils n'hésitaient pas à se faire fabriquer de faux arbres généalogiques. Un autre moyen de rejoindre la noblesse était d'acheter à l'État une charge (correspondant à une fonction publique particulière, judiciaire, financière ou municipale) qui faisait entrer son détenteur dans la noblesse dite « de robe » ; cette nouvelle catégorie sociale faisait l'objet d'un profond mépris de la part de l'ancienne noblesse (dite aussi noblesse « d'épée »), mais son essor était favorisé par Louis XIV, qui voulait s'en faire un allié contre les nobles de vieille souche, souvent récalcitrants vis-à-vis d'un pouvoir de plus en plus centralisé.

On a pu penser qu'à travers Monsieur Jourdain, Molière visait aussi une cible plus particulière, à savoir Colbert lui-même, détenteur de nombreux postes-clés dans la France de Louis XIV. Colbert était en effet fils d'un marchand de tissu ; ayant reçu une éducation des plus sommaires, il se fit enseigner une fois adulte tout ce qu'il n'avait pas appris dans sa jeunesse, et il tenta désespérément de faire admettre sa parenté avec la grande famille écossaise des Colberg. En outre, son goût pour les femmes nobles était bien connu. Il est difficile de juger de cette interprétation. Certes, elle n'est pas invraisemblable : Molière n'appréciait pas Colbert, et fréquentait même les cercles les plus ouvertement opposés au grand ministre. Cependant, il paraît peu probable qu'à une époque où le statut de comédien était si précaire, Molière ait osé s'attaquer directement à un homme aussi puissant.

Un noble désargenté et malhonnête : Dorante

Du reste, la bourgeoisie n'est pas la cible unique de la pièce. Le noble Dorante n'est guère présenté comme un personnage recommandable – du moins jusqu'au quatrième acte de la pièce. Authentique gentilhomme (à moins que son titre ne soit usurpé, comme c'était fréquemment le cas à l'époque de Molière – ce dont témoigne la remarque de Cléonte), Dorante profite sans scrupule de la naïveté de Monsieur Jourdain, auquel il emprunte des sommes d'argent de plus en plus importantes sans jamais les lui rembourser et dont il détourne les cadeaux pour les offrir lui-même à Dorimène.

Ce type de personnage n'était pas rare à la cour de Louis XIV, comme en témoigne l'Italien Primi Visconti, qui, de passage en France, fit observer : « Il y a à Paris plus de vingt mille gentilshommes qui n'ont pas un sou et qui subsistent pourtant par le jeu et par les femmes, et qui vivent d'industrie [de ruse] : aujourd'hui ils vont à pied, et le lendemain en carrosse. » De fait, de nombreux nobles connaissaient des difficultés financières d'autant plus graves qu'ils dépensaient souvent leur argent au jeu, alors très à la mode dans les milieux aristocratiques. Leur statut social leur interdisait de travailler et ils en étaient souvent réduits à emprunter de l'argent à des bourgeois plus aisés, voire à recourir à des stratagèmes plus malhonnêtes.

✣ Covielle, nouvel avatar du valet de comédie

Dans la comédie du XVIIe siècle, le valet est un personnage traditionnel et essentiel. Outre le rôle généralement capital qu'il joue dans l'intrigue, il compose avec le maître un duo permettant des effets dramaturgiques et comiques divers. Dans *Le Bourgeois gentilhomme*, Covielle intervient tard, mais n'en joue pas moins un rôle décisif dans l'action.

Maîtres et valets

La relation entre le maître et le valet peut s'établir soit sur le mode du contraste, soit sur le mode du parallèle ; autrement dit, soit le valet s'oppose à son maître, soit il s'identifie à lui et l'imite à sa manière, produisant ainsi le plus souvent un effet burlesque. La *comedia* espagnole privilégie l'opposition entre maître et valet, le second servant ainsi de faire-valoir au premier : c'est ainsi, par exemple, que dans ces pièces, le valet déguisé en maître se trahit inévitablement par sa balourdise et sa vulgarité. Au contraire, Molière joue de l'identification entre maître et valet et en tire des jeux de parallèles à la fois comiques et esthétiques. Ce procédé est parfaitement exploité dans la scène du double dépit amoureux (III, 10), dans laquelle le couple Covielle-Nicole constitue une transposition burlesque du couple Cléonte-Lucile : le parallélisme des situations et des réactions, qui produit un effet de ballet verbal, se double d'une opposition comique entre le langage soutenu de Cléonte et le langage prosaïque de Covielle.

Nicole, voix du bon sens

Nicole est un personnage très représentatif du rôle joué par la servante dans les comédies de Molière. Elle est à la fois le double de sa maîtresse et son alliée dans la lutte inégale qu'elle doit mener contre un père tyrannique. Comme Dorine dans *Le Tartuffe*, elle incarne le bon sens. Elle peut aussi à ce titre être rapprochée de

Madame Jourdain elle-même, les trois femmes de la maison défendant en quelque sorte la même cause ; on notera du reste que Nicole a tout intérêt à ce que sa maîtresse épouse Cléonte, puisqu'elle-même est amoureuse de Covielle, valet de Cléonte. Son discours sensé et raisonnable s'oppose de manière spectaculaire à la folie de Monsieur Jourdain, contraste amplifié par l'opposition de leurs deux langages : au langage direct et familier de Nicole s'opposent les tentatives de Monsieur Jourdain de s'exprimer dans une langue soutenue et distinguée. Nicole donne enfin le ton de la comédie-ballet, joyeuse et moqueuse plutôt que cinglante et amère : son fou rire, qui ouvre le troisième acte, semble représenter la réaction de tout spectateur devant les extravagances du Bourgeois.

Covielle, metteur en scène

Covielle s'inscrit lui aussi dans une longue lignée de valets moliéresques. Comme bien d'autres valets de Molière, et au contraire des valets goinfres et balourds de la *comedia* espagnole, Covielle se révèle dans la deuxième moitié de la pièce à la fois inventif et rusé, et c'est par son intelligence qu'il trouve une issue heureuse à une situation qui paraissait bloquée. Molière se montre par là héritier de la tradition italienne, dans laquelle le valet est souvent le meneur de jeu : ses valets sont dévoués, vifs et débrouillards, et ils apportent une aide précieuse, souvent même décisive, à leur maître, dont l'amour est menacé par les volontés du père de celle qu'il aime. Le nom même de Covielle est du reste calqué sur le nom d'un des masques (rôles traditionnels) de la comédie italienne.

Textes et images

✥ L'Orient sur scène au XVIIe siècle

À l'époque de Molière, Constantinople (aujourd'hui Istanbul), capitale de l'immense Empire ottoman, fascine l'Europe, de plus en plus friande des produits venus d'Orient. Or cet attrait pour l'exotisme oriental perdurera bien au-delà du XVIIe siècle, renforcé en particulier par la première traduction française des *Mille et Une Nuits* publiée par Antoine Galland au début du XVIIIe siècle.

Documents :

1. Racine, *Seconde Préface* de Bajazet, 1676.
2. Antoine Galland, Avertissement précédant la traduction des *Mille et Une Nuits*, 1949.
3. Antoine Galland, Début de la traduction des *Mille et une nuits*, 1949.
4. *La Cérémonie turque*, gravure placée en frontispice de l'édition de 1682 du *Bourgeois gentilhomme*.
5. Couder, *Portrait de Mehemet-Ali, vice-roi d'Égypte en 1803*, 1840.
6. Mise en scène de *L'Enlèvement au sérail* de Mozart par Jorge Lavelli, Festival d'Aix-en-Provence, 1990. Avec Ruben Broitman, Susan Patterson, Harolyn Blackwell et Risto Saarman.
7. Affiche du film *Coup de foudre à Bollywood*, Gurinder Chadha, 2004.

1 « Quelques lecteurs pourront s'étonner qu'on ait osé mettre sur la scène une histoire si récente, mais je n'ai rien vu dans les règles du poème dramatique qui dût me détourner de mon entreprise. À la vérité, je ne conseillerais pas à un auteur de prendre pour sujet d'une tragédie une action aussi moderne que celle-ci, si elle s'était passée dans le pays où il veut faire représenter sa tragédie, ni de mettre des héros sur le théâtre qui auraient été connus de la plupart des spectateurs. Les personnages tragiques doivent être regardés d'un autre œil que nous ne regardons d'ordinaire les personnages que nous avons vus de si près. On peut dire que le respect que l'on a pour les héros augmente à mesure qu'ils s'éloignent de nous : *major e longinquo reverentia*. L'éloignement des pays répare en quelque sorte la trop grande proximité des temps, car le peuple ne met guère de différence entre ce qui est, si j'ose ainsi parler, à mille ans de lui, et ce qui en est à mille lieues. C'est ce qui fait, par exemple, que les personnages turcs, quelque modernes qu'ils soient, ont de la dignité sur notre théâtre. On les regarde de bonne heure comme anciens. Ce sont des mœurs et des coutumes toutes différentes. Nous avons si peu de commerce avec les princes et les autres personnes qui vivent dans le sérail, que nous les considérons, pour ainsi dire, comme des gens qui vivent dans un autre siècle que le nôtre. »

Racine, *Seconde Préface* de Bajazet, 1676.

2 « [Ces contes] doivent plaire encore par les coutumes et les mœurs des Orientaux, par les cérémonies de leur Religion, tant Païenne que Mahométane ; et ces choses y sont mieux marquées que dans les Auteurs qui en ont écrit, et que dans les relations des Voyageurs. Tous les Orientaux, Persans, Tartares et Indiens, s'y font distinguer, et paraissent tels qu'ils sont, depuis les Souverains jusqu'aux personnes de la plus basse condition. Ainsi, sans avoir essuyé la fatigue d'aller chercher ces Peuples dans leur Pays, le Lecteur aura ici le plaisir de les voir agir, et de les entendre parler. On a pris soin de conserver leurs caractères, de ne pas s'éloigner de leurs expressions et de leurs sentiments ; et l'on ne s'est écarté du Texte, que quand la bienséance n'a pas permis de s'y attacher. Le Traducteur se flatte que les personnes qui entendent l'Arabe, et qui voudront prendre la peine de confronter l'original avec la copie, conviendront qu'il a fait voir les Arabes aux Français [...]. Pour peu même que ceux qui liront ces Contes, soient disposés à profiter des exemples de vertus et de vices qu'ils y trouveront, ils en pourront tirer un avantage qu'on ne tire point de la lecture des autres Contes, qui sont plus propres à corrompre les mœurs qu'à les corriger. »

Antoine Galland, Avertissement précédant la traduction des *Mille et Une Nuits* (1704-1711), Paris, Garnier, 1949, t. I.

Textes et images

3 « Les chroniques des Sassaniens, anciens rois de Perse, qui avaient étendu leur empire dans les Indes, dans les grandes et petites îles qui en dépendent, et bien loin au delà du Gange jusqu'à la Chine, rapportent qu'il y avait autrefois un roi de cette puissante maison qui était le plus excellent prince de son temps. Il se faisait autant aimer de ses sujets, par sa sagesse et sa prudence, qu'il s'était rendu redoutable à ses voisins par le bruit de sa valeur et par la réputation de ses troupes belliqueuses et bien disciplinées. Il avait deux fils : l'aîné, appelé Schahriar, digne héritier de son père, en possédait toutes les vertus ; et le cadet, nommé Schahzenan, n'avait pas moins de mérite que son frère.

Antoine Galland, Début de la traduction des *Mille et Une Nuits* (1704-1711), Paris, Garnier, 1949, t. I.

4

5

6

7

✣ Étude des textes

Savoir lire

1. L'image donnée de l'Orient dans ces textes est-elle plutôt positive ou plutôt négative ?
2. Comment Racine et Galland justifient-ils le fait d'avoir choisi des sujets orientaux ? Quelles modifications Galland admet-il avoir introduites dans les textes originaux ? Pourquoi ?
3. Quels sont les indices qui, dans l'extrait des *Mille et Une Nuits* reproduit ci-dessus, traduisent un certain exotisme oriental ?

Savoir faire

4. Les *Mille et Une Nuits* sont un texte fondamental pour la tradition orientale, mais aussi pour la transmission de cette tradition à l'Occident. Rassemblez des informations sur ce texte fondateur et sur son importance historique, et présentez le résultat de vos recherches à vos camarades sous la forme d'un exposé.
5. En vous inspirant du début du conte traduit par Galland, inventez à votre tour le début d'un conte oriental.
6. En vous inspirant de la Préface de Racine, imaginez que vous êtes un dramaturge ayant choisi de représenter un sujet exotique et justifiez votre décision par un développement argumenté.

Étude des images

Savoir analyser

1. Observez la gravure illustrant au XVIIe siècle l'édition du *Bourgeois gentilhomme* et relevez les éléments qui renvoient au monde oriental. Quels éléments retrouvez-vous dans le portrait par Couder de Méhémet-Ali ?
2. Au contraire, quel est le choix effectué par le metteur en scène de *L'Enlèvement au sérail*, célèbre opéra de Mozart se déroulant, comme *Le Bourgeois gentilhomme*, dans l'Empire ottoman ? Insiste-t-il sur la dimension exotique du cadre ? Pourquoi, à votre avis ? Approuvez-vous ce choix ? Vous expliciterez votre réponse par un développement argumenté.

Savoir faire

3. Rédigez une description détaillée du portrait peint par Couder.
4. Vous mettez en scène à votre tour la cérémonie turque ; rédigez les instructions que vous donneriez aux décorateurs et aux acteurs.
5. Le film *Coup de foudre à Bollywod* joue lui aussi, à sa manière, sur la séduction de l'exotisme. Quels sont selon vous les ingrédients de cette séduction ? Connaissez-vous d'autres films qui les mettent en œuvre ?

✣ Nobles et bourgeois : la satire sociale

Le désir d'ascension sociale est au cœur de l'intrigue du *Bourgeois gentilhomme*, où il prend la forme d'une satire du snobisme d'un Monsieur Jourdain tentant maladroitement d'adopter l'apparence et le comportement des aristocrates. À l'intérieur d'une scène de théâtre, Monsieur Jourdain lui-même joue un rôle qui n'est pas le sien.

Documents :

❶ La Bruyère, *Les Caractères*, XXI, 1688.
❷ Marivaux, *Le Paysan parvenu*, 1735.
❸ P. Daninos, *Snobissimo*, 1964.
❹ Rigaud, Portrait de Louis XIV en pied, 1701.
❺ Monsieur Jourdain, gravure de Wolff, XIXe.
❻ Féholle, gravure intitulée *Le Bourgeois gentilhomme*, 1670.

❶ « On ne peut mieux user de sa fortune que fait Périandre : elle lui donne du rang, du crédit, de l'autorité ; déjà on ne le prie plus d'accorder son amitié, on implore sa protection. Il a commencé par dire de soi-même : un homme de ma sorte ; il passe à dire : un homme de ma qualité ; il se donne pour tel, et il n'y a personne de ceux à qui il prête de l'argent, ou qu'il reçoit à sa table, qui est délicate, qui veuille s'y opposer. Sa demeure est superbe ; un dorique règne dans tous ses dehors ; ce n'est pas une porte, c'est un portique : est-ce la maison d'un particulier ? est-ce un temple ? le peuple s'y trompe. Il est le seigneur dominant de tout le quartier. C'est lui que l'on envie, et dont on voudrait voir la chute ; c'est lui dont la femme, par son collier de perles, s'est fait des ennemies de toutes les dames du voisinage. »

La Bruyère, *Les Caractères*, XXI.

2 « Le titre que je donne à mes Mémoires annonce ma naissance ; je ne l'ai jamais dissimulée à qui me l'a demandée, et il semble qu'en tout temps Dieu ait récompensé ma franchise là-dessus ; car je n'ai pas remarqué qu'en aucune occasion on en ait eu moins d'égard et moins d'estime pour moi.

J'ai pourtant vu nombre de sots qui n'avaient et ne connaissaient point d'autre mérite dans le monde, que celui d'être né noble, ou dans un rang distingué. Je les entendais mépriser beaucoup de gens qui valaient mieux qu'eux, et cela seulement parce qu'ils n'étaient pas gentilshommes ; mais c'est que ces gens qu'ils méprisaient, respectables d'ailleurs par mille bonnes qualités, avaient la faiblesse de rougir eux-mêmes de leur naissance, de la cacher, et de tâcher de s'en donner une qui embrouillât la véritable, et qui les mît à couvert du dédain du monde.

Or, cet artifice-là ne réussit presque jamais ; on a beau déguiser la vérité là-dessus, elle se venge tôt ou tard des mensonges dont on a voulu la couvrir ; et l'on est toujours trahi par une infinité d'événements qu'on ne saurait ni parer, ni prévoir ; jamais je ne vis, en pareille matière, de vanité qui fît une bonne fin.

C'est une erreur, au reste, que de penser qu'une obscure naissance vous avilisse, quand c'est vous-même qui l'avouez, et que c'est de vous qu'on la sait. La malignité des hommes vous laisse là ; vous la frustrez de ses droits ; elle ne voudrait que vous humilier, et vous faites sa charge, vous vous humiliez vous-même, elle ne sait plus que dire.

Les hommes ont des mœurs[1], malgré qu'ils en aient ; ils trouvent qu'il est beau d'affronter leurs mépris injustes ; cela les rend à la raison. Ils sentent dans ce courage-là une noblesse qui les fait taire ; c'est une fierté sensée qui confond un orgueil impertinent.

Mais c'est assez parler là-dessus. Ceux que ma réflexion regarde se trouveront bien de m'en croire. »

Marivaux, *Le Paysan parvenu*, Paris, Gallimard.

---

1. Des valeurs morales.

❸ Le plouk, s'étant fait aménager sur la Côte d'Azur un château de quatre-vingts fenêtres, tint essentiellement à se prolonger par un yacht (extension automatique chez les millionnaires). [...] Il s'en ouvrit à son ami, le distingué yachtsman, qui s'en émut. [...] la semonce atteignit un maximum de violence :
Un yacht... un yacht... vous n'avez que ce mot-là à la bouche, un yacht ! Mais tu sais seulement ce que c'est un yacht ? Un yacht, c'est comme un pur-sang : il faut savoir. Tu crois au Père Noël ! Tu te vois déjà admis au Royal Yacht Squadron ? Je vais te dire, moi, ce que ça veut dire un yacht ! Puisque tu veux de la voile, voilà... La première année, tu achètes. Bon. Monsieur prend sa casquette d'amiral, étudie le relevé des bas-fonds... et naturellement qu'est-ce qu'il fait ? Capri, la Sicile, les îles grecques. Très bien – sur le papier. Quand t'auras pris un bon coup de mistral en pleine poire et qu'en fait de Portofino tu seras obligé d'aller relâcher à Gênes, complètement déglingué, brouillé à mort avec le ménage que tu avais voulu épater, pour passer la nuit à côté d'un charbonnier qui déchargera jusqu'à six heures du matin, t'auras compris. Bon. La deuxième année, pas folle la guêpe, tu te limiteras à la Corse, c'est déjà pas mal, faut y arriver, tu verras, et t'en baveras. Tellement même que tu reviendras vite à Porquerolles. La troisième année, tu resteras à Saint Trop', cap Camarat et environs. Et la quatrième, tu t'achèteras un appartement à Saint Trop', un petit appartement où tu flanqueras des compas et des sextants, et d'où tu apercevras tes deux mâts chéris... *« Venez donc prendre un verre à bord ce soir !... »*, c'est tout ce qui te restera à dire !

P. Daninos, *Snobissimo*, Paris, Hachette.

4

5

LE BOURGEOIS GENTILHOMME.

M. JOURDAIN.

Suivez-moi, que j'aille un peu montrer mon habit par la ville.

Acte III. sc. 1.

6

Étude des textes

Savoir lire

1. En quoi le personnage de Marivaux se présente-t-il comme sympathique ? Quelle leçon a-t-il tirée de son expérience ?
2. En quoi les textes de La Bruyère et de Daninos constituent-ils une satire des parvenus de leur temps ? Quels sont les points

communs et les différences des comportements qu'ils dénoncent ? À quels moments rit-on dans chacun de ces deux textes ? Pourquoi ? Le texte de Marivaux, quant à lui, prête-t-il à rire ?

Savoir faire

3. À la manière de La Bruyère, vous décrirez de manière satirique un comportement que vous jugez ridicule et caractéristique de la société actuelle. Votre texte prendra la forme d'un portrait poussant jusqu'à l'extrême ce comportement.
4. Faites le portrait d'un snob du XXIe siècle : ses vêtements, ses objets favoris, sa maison ou son appartement, ses occupations, etc.

✣ Étude des images

Savoir analyser

1. Comparez le portrait de Louis XIV par Rigaud et la gravure de Wolff représentant le Bourgeois gentilhomme. Relevez les points communs et les différences qui existent entre ces deux images. En quoi peut-on dire que la gravure représentant le Bourgeois constitue une parodie du célèbre tableau de Rigaud ? Comment interprétez-vous cette parodie ?
2. Informez-vous sur Rigaud et sur le célèbre portrait reproduit ici. Quelles sont ses dimensions ? Quel âge a Louis XIV au moment où Rigaud le dépeint ? Quels sont les symboles de la royauté visibles sur le tableau ?
3. Quel moment de la pièce la gravure de Féholle représente-t-elle ? Quels sont les personnages en présence ? Le duel à l'épée est un divertissement propre à l'aristocratie : en quoi la gravure produit-elle un effet comique ?

Savoir faire

4. Vous mettez en scène le passage représenté dans la gravure de Féholle. Comment choisissez-vous les acteurs (physique, voix, manière d'être) ? Comment les placez-vous sur la scène ? Rédigez les instructions que vous leur donnez pour jouer ce passage.
5. Imaginez les instructions données par Louis XIV à Rigaud avant que celui-ci n'exécute son portrait. Le roi lui explique les raisons pour lesquelles il veut un tel tableau, la manière dont il souhaite être représenté, les détails qui doivent apparaître, les couleurs qui doivent être privilégiées, etc.

Vers le brevet

Sujet 1 : *Le Bourgeois gentilhomme*, acte II, scène 2, lignes 20-50, pages 37-38.

Questions

I - Le texte de théâtre

1. Qu'est-ce qu'une didascalie ? Relevez la ou les didascalie(s) présente(s) dans ce passage. Quelle est son/leur utilité ?
2. Quels sont les indices indiquant que nous avons affaire à une comédie, et non à une tragédie ?
3. En quoi ce passage est-il éminemment dramatique, c'est-à-dire propre à être joué sur une scène ?

II - Les personnages

1. Qui sont les personnages en présence ?
2. En quoi le maître d'armes est-il différent des deux autres professeurs ?
3. Pour quelle raison Monsieur Jourdain tient-il à apprendre l'art de manier l'épée ? Relevez la réplique qui l'indique. Quel trait de caractère de Monsieur Jourdain révèle-t-elle ? Quelle autre réplique confirme ce trait de caractère ?
4. Le maître d'armes est-il un bon professeur ? Pourquoi ? Comment caractériseriez-vous son langage ? Relevez les termes spécialisés qu'il emploie. En quoi son langage est-il abstrait et vague ? Quel trait de caractère ce langage révèle-t-il ? En quoi cela fait-il de lui un personnage ridicule ?
5. Quel trait de caractère des professeurs de Monsieur Jourdain leur dispute révèle-t-elle ?

III - Le comique

1. Pourquoi rit-on dans ce passage ? Aux dépens de qui ? Le rire ne vise-t-il qu'un seul personnage ?
2. À quel moment et pourquoi la dispute commence-t-elle ? En quoi peut-on parler d'une gaffe de la part du maître d'armes ?
3. Montrez que la dispute est de plus en plus violente et qu'on peut pressentir un crescendo.
4. Montrez que les répliques échangées par les différents professeurs se répondent deux à deux. Quel est l'effet produit ?
5. Relevez les termes d'injures employés par les professeurs de Monsieur Jourdain.
6. En quoi la dernière réplique de l'extrait est-elle comique ? À quel type de langage appartient l'expression « raison démonstrative » ?
7. Étudiez les différents types de comique employés dans ce passage : comique de caractère, comique de situation, comique de geste, comique de mots, etc.

Réécriture

« Je vous l'ai déjà dit ; tout le secret des armes ne consiste qu'en deux choses : à donner et à ne point recevoir ; et, comme je vous fis voir l'autre jour par raison démonstrative, il est impossible que vous receviez, si vous savez détourner l'épée de votre ennemi de la ligne de votre corps ; ce qui ne dépend seulement que d'un petit mouvement de poignet, ou en dedans ou en dehors. »

Récrivez cette réplique en commençant par « Il te l'a déjà dit » et en effectuant ensuite toutes les modifications qui s'imposent.

Rédaction

« Et c'est en quoi l'on voit de quelle considération, nous autres, nous devons être dans un État, et combien la science des armes l'emporte hautement sur toutes les autres sciences inutiles, comme la danse, la musique, la... »

Imaginez que le maître d'armes n'ait pas été interrompu, et qu'il poursuive sa tirade.

– Vous rédigerez votre texte à la manière d'une réplique de théâtre, en respectant les règles de présentation propres à ce type d'écrit.
– Vous emploierez un registre de langage qui correspond à celui du maître d'armes dans ce passage.
– Vous développerez différents arguments soutenant la thèse du maître d'armes.
– Il sera tenu compte dans l'évaluation de la correction de la langue et de l'orthographe.

Petite méthode pour la rédaction

Il s'agit de rédiger la suite d'une réplique prononcée par un personnage de théâtre. Vous devez donc :

– respecter les règles de présentation propres au dialogue théâtral : nom du personnage qui parle, éventuellement didascalies, pas de narrateur, etc.

– faire en sorte que votre texte s'enchaîne parfaitement au passage de départ (en l'occurrence, vous devez achever la phrase commencée par le maître d'armes).

– respecter la consigne définissant le thème de ce dialogue ou son fonctionnement général : identifier la thèse défendue par le personnage qui s'exprime et élaborer une argumentation susceptible de défendre cette thèse.

Sujet 2 : *Le Bourgeois gentilhomme*, acte III, scène 9, lignes 1 à 29, pages 72-73.

Questions

I - Le texte de théâtre

1. À quoi reconnaissez-vous que cet extrait est tiré d'un texte de théâtre ?
2. Qui sont les deux personnages en présence ? Relevez les indices montrant que leur relation est dissymétrique, et que l'un des personnages est subordonné à l'autre.
3. Quels liens unissent ces personnages ? Ce couple de personnages est traditionnel au théâtre : connaissez-vous d'autres exemples ?
4. Quelle est la fonction dramaturgique de Covielle dans cette scène ?

II - Le comique

1. Pourquoi les deux personnages sont-ils en colère ? En quoi le spectateur peut-il pressentir qu'il y a peut-être eu malentendu ?
2. Quelles modalités de phrase Cléonte emploie-t-il ? Pourquoi ?
3. Pourquoi a-t-on l'impression que Covielle fait écho aux plaintes de Cléonte ? Montrez avec précision les parallélismes qui s'établissent entre les répliques de Cléonte et celles de Covielle, et les expressions de Cléonte que Covielle transpose dans son langage de valet.
4. Pourquoi Covielle ne prononce-t-il pas à son tour une réplique aussi longue que celle de Cléonte ?
5. En quoi les registres de langue utilisés par les deux personnages sont-ils différents ? En quoi cette différence crée-t-elle un effet comique ?
6. En observant la réplique de Cléonte à laquelle elle fait suite (« Tant de larmes que j'ai versées à ses genoux ! »), montrez

en particulier pourquoi la réplique de Cléonte : « Tant de seaux d'eau que j'ai tirés au puits pour elle » suscite le rire. Comment appelle-t-on le procédé consistant à évoquer des sujets ou des choses élevés dans un langage trivial ou appartenant à un registre familier ?

III - La tirade de Cléonte

1. Que ressent Cléonte ?
2. Dans la tirade de Cléonte, les propositions sont-elles le plus souvent indépendantes ou subordonnées ? Quel est l'effet produit ?
3. Relevez les hyperboles employées par Cléonte.
4. Quels champs lexicaux prédominent dans la tirade de Cléonte (depuis « Je fais voir » jusqu'à « elle ne m'avait vu ! ») ?
5. Quel temps verbal utilise surtout Cléonte ? Pourquoi ?
6. Si vous étiez metteur en scène, quelles indications donneriez-vous à l'acteur chargé de prononcer cette tirade ? Pourquoi faut-il éviter qu'elle ne soit interprétée de manière trop tragique ? Comment s'y prendre pour que l'effet comique l'emporte sur l'effet pathétique ?

Réécriture

« Je fais voir pour une personne toute l'ardeur et toute la tendresse qu'on peut imaginer ; je n'aime rien au monde qu'elle, et je n'ai qu'elle dans l'esprit ; elle fait tous mes soins, tous mes désirs, toute ma joie ; je ne parle que d'elle, je ne pense qu'à elle, je ne fais des songes que d'elle, je ne respire que par elle, mon cœur vit tout en elle. »

Récrivez ce passage en remplaçant *je* par *il* et les présents de l'indicatif par des imparfaits.

Rédaction

À la suite de cette scène, Cléonte s'isole pour écrire à son meilleur ami, et lui raconte la déception amoureuse qu'il vient de vivre. Il lui explique ce qui vient de se passer et lui fait part de sa tristesse, de son désarroi et de sa colère.

– Vous rédigerez la lettre écrite par Cléonte à son ami en respectant les règles de présentation propres à ce type d'écrit.
– Vous emploierez un registre de langage qui correspond à celui de Cléonte dans ce passage.
– Vous respecterez les données fournies dans l'extrait du *Bourgeois gentilhomme* proposé.
– Il sera tenu compte dans l'évaluation de la correction de la langue et de l'orthographe.

Petite méthode pour la rédaction

Il s'agit de rédiger une lettre en s'inspirant du passage proposé, en l'occurrence un extrait de pièce de théâtre du XVIIe siècle.

Vous devez donc tenir compte :
– des contraintes de présentation propres au genre de la lettre ;
– de la situation d'énonciation mise en place : qui parle, à qui, de quoi, de qui ? À quelle époque est-on ? Qui sait quoi ? (par exemple, ici, l'ami et confident de Cléonte est vraisemblablement déjà au courant de l'amour qu'éprouve Cléonte pour Lucile ; en revanche, il ne peut savoir ce qui vient de se passer lors de la rencontre fortuite de Cléonte avec Lucile).
– de ce qu'on peut savoir du caractère et des sentiments du personnage qui écrit la lettre.
– du style et du registre de langue utilisé par le personnage qui écrit cette lettre (vous pourrez l'observer dans l'extrait proposé).

Outils de lecture

Aparté : au théâtre, procédé qui consiste à faire parler un personnage à lui-même, *à part*, sans que les autres soient censés l'entendre.

Bourgeois : membre du Tiers-État (donc roturier, et non noble) possédant des biens et ne travaillant donc pas de ses mains (contrairement aux paysans – ou plus tard aux ouvriers).

Champ sémantique : ensemble de mots ou expressions se rapportant à une même notion.

Comédie-ballet : pièce de théâtre dans laquelle sont insérés des intermèdes chantés et dansés.

***Commedia dell'arte* :** petite comédie italienne dans laquelle les acteurs improvisaient autour d'un scénario traditionnel.

Composition : manière dont un texte progresse, façon dont les actions ou les idées s'enchaînent.

Crescendo : augmentation progressive en intensité, mouvement d'amplification.

Dénouement : au théâtre, événement qui vient dénouer une intrigue et marque ainsi la résolution de l'action.

Didascalie : indication précisant le jeu et la gestuelle des acteurs ou les éléments du décor.

Dramatique : qui concerne le théâtre.

Dramaturge : auteur de pièces de théâtre.

Exposition : début d'une pièce de théâtre ; les spectateurs doivent pouvoir y apprendre, à travers les paroles et les actions des personnages, les informations nécessaires pour comprendre la situation initiale.

Farce : petite pièce comique populaire, souvent assez simple, dans laquelle le comique de geste prédomine.

Galanterie : distinction, élégance. Au XVIIe siècle, la galanterie représente un idéal social (essentiellement aristocratique) complexe, qui associe les qualités personnelles et les qualités sociales.

Gentilhomme : homme noble par sa naissance, c'est-à-dire membre de la noblesse d'épée ou « de vieille souche ».

Honnêteté : modèle de civilité promu par le XVIIe siècle.

L'honnête homme se caractérise tout à la fois par sa faculté d'adaptation, son naturel, sa simplicité, son enjouement et son refus constant du pédantisme.

Hyperbole : exagération destinée à produire une plus forte impression.

Intermède : passage chanté ou dansé inséré entre les actes d'une comédie-ballet.

Ironie : phénomène consistant en la distance prise par un locuteur quelconque envers l'énoncé qu'il met en scène. Cette distance est maximale dans le cadre de l'ironie par antiphrase, où le locuteur dit le contraire de ce qu'il pense.

Intrigue (ou action) : ensemble des événements, des intérêts et des caractères qui forment le nœud d'une pièce de théâtre ou d'un roman.

Mise en scène : manière dont on choisit de représenter une pièce : décors, costumes, mouvements des acteurs, ton…

Monologue : tirade prononcée par un personnage seul ou qui se croit seul.

Parodie : transposition satirique d'une œuvre existante.

Pastorale : œuvre littéraire dans laquelle les héros sont des bergers et des bergères.

Pathétique : nature de ce qui émeut fortement.

Péripétie : coup de théâtre. Événement extérieur imprévu, marquant un brutal revirement de situation et changeant ainsi totalement la donne pour un ou plusieurs protagonistes d'une même pièce de théâtre.

Qualité (homme de/gens de) : noble(s) de naissance.

Réplique : partie d'un dialogue prononcée par un personnage de théâtre lorsque son ou ses partenaires ont cessé de parler.

Satire : genre littéraire remontant à l'Antiquité, et choisissant l'arme du rire pour s'attaquer aux vices ou aux ridicules.

Stichomythie : dialogue composé de courtes répliques de longueur analogue.

Tirade : longue suite de paroles ininterrompues placée dans la bouche d'un personnage de théâtre.

Bibliographie et filmographie

Sur *Le Bourgeois gentilhomme*

Molière et ses comédies-ballets, Ch. Mazouer, Paris, Klincksieck, 1993.

Le Bourgeois gentilhomme, J.-M. Bigard et G. Baquet, DVD, TF1 Vidéo, 2006.

▸ Monsieur Jourdain est interprété par le célèbre humoriste J.-M. Bigard. Beaucoup de détails sont transposés et modernisés (Monsieur Jourdain a fait fortune en créant un immense magasin de sport).

Le Bourgeois gentilhomme, M. Fraudreau, DVD, Abeille musique, 2005.

▸ Une mise en scène qui se veut la plus proche possible des conditions de représentation de la pièce lors de sa création : prononciation du XVIIe siècle, musique de Lully intégralement jouée, éclairage aux bougies, gestuelle baroque, etc.

D'autres œuvres de Molière

Les Précieuses ridicules, Paris, Larousse, Petits Classiques, 1998.

▸ Cette pièce aborde sous un autre angle la prétention à être ce qu'on n'est pas et la tentative à la fois ridicule et désespérée d'imiter la haute aristocratie.

Le Misanthrope, Paris, Larousse, Petits Classiques, 2006.

▸ Dans ce chef-d'œuvre de la « grande comédie », Molière met en scène une société où chacun joue un rôle.

Sur la vie de Molière

La Jeunesse de Molière, P. Lepère, Gallimard, Collection « Folio Junior », 2003.

▸ Ce livre raconte la jeunesse de Molière sous forme de roman, depuis son enfance jusqu'à son départ en tournée pour rejoindre la troupe de Dufresne à Lyon. Il permet également de mieux connaître l'époque à laquelle vivait Molière.

Molière, S. Dodeller, École des Loisirs, Collection « Belles vies », 2005.

▸ Ce livre raconte toute la vie de Molière. Un encart de quatre pages contient des reproductions d'illustrations de l'époque.

Bibliographie et filmographie

Louison et monsieur Molière, M.-Ch. Helgerson, Flammarion, « Castor Poche », 2001.

◗ Ce roman raconte l'aventure de Louison, âgée de dix ans, que Molière engage pour jouer dans sa dernière pièce, devant Louis XIV lui-même !

Le Roman de monsieur de Molière, M. Boulgakov, Gallimard, « Folio », 1993.

◗ Ce roman, écrit (et surtout traduit) dans une langue décontractée et pleine d'humour, raconte la vie de Molière.

Molière ou la vie d'un honnête homme, A. Mnouchkine, DVD, Éditions Bel Air, 2004.

◗ Ce film date de 1977 et raconte la vie de Molière, tout en la resituant dans son époque.

Sur le théâtre en général

Histoire du théâtre dessinée, A. Degaine, Nizet, 1992.

◗ G. Mongrédien, *La Vie quotidienne des comédiens au temps de Molière*, Hachette, 1966.

La Comédie de l'âge classique, G. Conesa, 1630-1715, Seuil, 1995.

◗ Cette étude examine la comédie classique d'un point de vue avant tout esthétique, et elle voit dans les comédies de Molière des expérimentations théâtrales profondément originales, en marge de l'évolution générale à son époque.

Le Théâtre à travers les âges, M. Wiéner, Flammarion, « Castor Doc », 2003.

◗ Ce livre retrace l'histoire du théâtre et des genres dramatiques.

Le Capitaine Fracasse, Th. Gautier, Gallimard, « Folio », 2002.

◗ Ce roman de Gautier montre la vie des comédiens ambulants du XIXe siècle.

Sites internet

◗ **Tout Molière** : le site de référence sur l'œuvre de Molière ; http://www.toutmolière.net/index.html.

◗ Les pages consacrées à Molière sur le site de la Comédie-Française : http://www.comedie-francaise.fr/histoire/moliere1.php.

Crédits photographiques

Couverture	**Dessin Alain Boyer**
7	Ph. Coll. Archives Larousse
11	Bibliothèque nationale de France, Paris – Ph. Coll. Archives Larbor
18	Ph. Coll. Archives Larousse
154	Bibliothèque nationale de France, Paris – Ph. Coll. Archives Larousse
155	Châteaux de Versailles et de Trianon © Gérard Blot / RMN
156	© Brigitte Enguerand
157	Prod DB © Kintop – Pathé / DR
162	Musée du Louvre, Paris – Ph. © Archives Larbor
163	Bibliothèque de l'Arsenal, Paris – Ph. Coll. Archives Larousse
164	Bibliothèque de l'Arsenal, Paris – Ph. Coll. Archives Larbor

Direction de la collection : Carine Girac-Marinier

Direction éditoriale : Line KAROUBI

Édition : Marie-Hélène CHRISTENSEN

Lecture-correction : service Lecture-correction LAROUSSE

Recherche iconographique : Valérie PERRIN, Agnès CALVO

Direction artistique : Uli MEINDL

Couverture et maquette intérieure : Serge CORTESI, Sylvie SÉNÉCHAL, Uli MEINDL

Responsable de fabrication : Marlène DELBEKEN

Photocomposition : CGI

Impression : Rotolito Lombarda (Italie)

Dépôt légal : Juillet 2007 7 - 300915

N° Projet : 11021133 – Septembre 2012